AUSGEWÄHLTE TEXTE

Herausgegeben von
Hans Christian Meiser

HENRY DAVID THOREAU

GOLDMANN VERLAG

Made in Germany · 7/87 · 1. Auflage

Umschlaggestaltung: Design Team München
Satz: Filmsatz Schröter GmbH, München
Druck: Presse-Druck, Augsburg
Verlagsnummer: 11026
Lektorat: Sybille Terrahe
Herstellung: Gisela Ernst
ISBN 3-442-11026-2

Inhalt

Vorwort

> Ein See ist der schönste,
> ausdrucksvollste Schmuck einer Landschaft.
> Er ist der Erde Auge;
> wer hineinschaut, mißt die Tiefe
> seines eigenen Wesens.
>
> H. D. THOREAU

Ralph Waldo Emerson, einer der Klassiker der nordamerikanischen Dichterphilosophie, schreibt über seinen Freund und Weggefährten Thoreau: »Mit ihm spazierenzugehen war ein Privilegium und ein Genuß. Er kannte die Gegend wie ein Fuchs oder ein Vogel und durchstreifte sie, frei wie jene, auf seinen eigenen Pfaden. Unter seinem Arm trug er ein altes Notenbuch, um Pflanzen zu pressen, in seiner Tasche ein Fernrohr, um die Vögel damit zu beobachten, ein Vergrößerungsglas, ein Einschlagmesser und Bindfaden. Er trug einen Strohhut, dicke Schuhe, derbe, graue Beinkleider, welche dem Eichen- und Dornengestrüpp standhielten, und es auch vertrugen, daß ihr Besitzer gelegentlich einen Baum erkletterte, wenn es galt, ein Habicht- oder Eichhörnchennest zu inspizieren, und in die Sümpfe nach Wasserpflanzen watete. Er verstand es, unbeweglich sitzen zu bleiben, ein Teil des Felsens, auf welchem er Rast machte, bis das Reptil, der Fisch, der Vogel, der vor ihm geflohen war, zurückkehrte und seine Gepflogenheiten wieder aufnahm, ja näher kam, ihn zu beobachten... Schlangen wanden sich ihm um die Beine, die Fische schwammen auf ihn zu und ließen sich von ihm aus dem Wasser nehmen, die Vögel setzten sich auf seine Schulter, und die Eichhörnchen liefen ihm über den Schuh, wenn das gerade der nächste Weg war. Er sah wie mit einem Mikroskop, hörte wie mit dem Hörrohr, und sein Gedächtnis war ein photographisches Register von allem, was er sah und hörte; als ein Abdruck der Ordnung und Schönheit des Ganzen, so lag jede Tatsache geordnet und sonnig beleuchtet in seinem Innern.«

Henry David Thoreau – ein Waldschrat, ein Einsiedler, ein Sonderling? Nein, schon eher ein moderner Franz von Assisi, der, vertrauend auf den unermeßlichen Geist des Universums, ohne materiellen Anspruch lebte (und somit zu einem der ersten Dollar-Kritiker wurde) und seine Intuition als einziges Gesetz anerkannte.

Geboren wurde der »Yankee Diogenes« am 12. Juli 1817 in dem Zweitausend-Seelen-Dorf Concord (Massachusetts), wo er am 5. Mai 1862, noch nicht ganz fünfundvierzigjährig, an Lungenschwindsucht starb. Wie das Leben Emersons oder Mulfords entbehrte auch sein Dasein sogenannter bürgerlicher »Höhepunkte«. Seine eher äußerst bescheidene Existenz verbot ihm, nach solchen »Höhen« zu streben – weder die Harvard-Universität, noch die »Concordakademy« oder die väterliche Bleistiftfabrik konnten seine ungehemmte Individualität aufhalten.

So begann er 1844 sein Experiment »Walden«, das ihn – freilich erst lange nach seinem Tode – zum Vorstreiter für praktische Lebensphilosophie werden ließ und ihm die selbst nie gewollte literarische Anerkennung einbringen sollte: Auf einem Grundstück Emersons baute er sich mit einer geliehenen Axt aus eigener Kraft eine Blockhütte am Waldensee, welche er am 4. Juli, dem Tag der amerikanischen Unabhängigkeit, bezog und bis zum 6. September 1847 bewohnte. In dieser selbstgewählten Einsamkeit entstand der Hauptteil seiner naturphilosophischen Betrachtungen, welche sich auch in den dreißig Tagebüchern finden, die Thoreau auf seinen endlosen Wanderungen und Spaziergängen anzulegen pflegte. Alle Aufzeichnungen aus seiner Feder weisen ihn zwar als einen Transzendentalisten aus dem Emerson'schen Kreis aus, doch übertrifft der eigenwillige Waldbewohner durch seine vollkommene Unbestechlichkeit wie durch seine radikale Kompromißlosigkeit seine Mitstreiter im Zirkel bei weitem. Als er sich noch dazu gegen die Sklaverei in Südamerika erhebt und sein Haus in Concord zum Zufluchtsort flüchtiger Sklaven wird, weiß jeder, daß Thoreau seine Lehren nicht nur formuliert, sondern auch in der Lage ist, sie selbst zu leben. Seine Essays verleihen dem Leben und Werk etwa Hermann Hesses oder Mahatma Gandhis starke Impulse, so daß Ralph Waldo Emerson sicher die richtigen Worte fand, als er bei seiner Grabrede dem toten Freund Thoreau nachrief:
»Wo immer auf Erden Wissen, wo Tugend, wo Schönheit wohnt, da wird er eine Stätte finden.«

Der Herausgeber

Leben in den Wäldern

Ökonomie des Lebens

Während ich den Großteil der folgenden Seiten niederschrieb, lebte ich einsam, weit entfernt von jeder Nachbarschaft, am Rande des Waldensees in den Wäldern von Concord, Massachusetts. Ich ernährte mich von meiner Hände Arbeit und wohnte in einem Haus, das ich mir selbst gebaut hatte. Ich verbrachte in dieser Gegend zwei Jahre und zwei Monate. Jetzt nehme ich wieder am zivilisierten Leben teil.

Ich würde meine Leser nicht mit meinen persönlichen Angelegenheiten behelligen, wären nicht eingehende Fragen über meine Lebensweise an mich gerichtet worden. Fragen, die mancher vielleicht unverschämt nennen würde, die mir aber angesichts der besonderen Umstände ganz natürlich und begreiflich erscheinen. So wurde ich gefragt, was ich gegessen, ob ich mich nicht einsam gefühlt und ob ich mich nicht gefürchtet hätte; andere wieder wollten wissen, wieviel ich für wohltätige Zwecke ausgegeben, und einige mit großen Familien, wieviel arme Kinder ich unterstützt hätte. Daher bitte ich jene Leser, die für meine Person kein so großes Interesse haben, zu verzeihen, wenn ich einige der Fragen in diesem Buch beantworten möchte. In den meisten Büchern wird die erste Person, das »Ich«, vermieden; in diesem wird es beibehalten. Das ist hinsichtlich Selbstgefälligkeit der Hauptunterschied.

Für gewöhnlich denken wir nicht daran, daß es schließlich immer die erste Person ist, die redet. Ich würde nicht so viel von mir selbst reden, wenn ich jemand anderen so gut kennen würde wie mich. So aber muß ich mich auf dieses Thema beschränken, da meine Erfahrungen leider nicht weiter reichen. Ich für meinen Teil verlange überhaupt von jedem Schriftsteller, daß er einfach und aufrichtig von seinem eigenen Leben erzähle, und nicht nur davon, was er über das Leben anderer gehört hat. Etwa so, wie er Verwandten aus einem fernen Land von sich berichten würde; denn wenn er redlich gelebt hat, muß es in einem mir fernen Land gewesen sein. Vielleicht werden diese Zeilen vor allem arme Studenten ansprechen. Die übrigen meiner Leser aber werden daraus entnehmen, was ihnen brauchbar erscheint. Wer immer in diesen Rock hineinschlüpft, wird, so hoffe ich, die Nähte dabei nicht überdehnen, denn wem er paßt, dem mag er gute Dienste leisten.

Noch etwas liegt mir am Herzen, das nicht so sehr die Chinesen oder die Bewohner von Hawaii angeht, als vielmehr den Neuengländer, der diese Seiten liest; etwas über seine Lage, besonders seine äußere Lage, die Verhältnisse hier in dieser Welt, in dieser Gegend; wie sie sind, und ob es notwendig ist, daß sie so schlecht sind, oder ob sie sich nicht genauso gut verbessern ließen? Ich bin in Concord viel herumgekommen, und überall, in den Läden, in den Büros, auf den Feldern, schienen mir die Einwohner auf tausenderlei sonderbare Art Buße zu tun. Alles, was ich je von Brahmanen hörte, ob sie nun zwischen vier Feuern sitzen und in die Sonne starren oder mit dem Kopf nach unten über Flammen hängen oder aber fürs Leben angekettet am Fuße eines Baumes hausen – keine all dieser Bußformen ist unbegreiflicher und erstaunlicher als die Szenen, die ich täglich vor Augen habe. Ja, selbst die zwölf Arbeiten des Herkules erscheinen mir eine Kleinigkeit im Vergleich zu den Mühen, die meine Nachbarn auf sich nehmen, denn es waren nur zwölf, und sie nahmen einmal ein Ende, während ich noch nie sah, daß einer dieser Männer ein Ungeheuer besiegt oder eine Arbeit bewältigt hätte. Sie haben keinen Jolaos, der ihnen mit einem glühenden Eisen die Hydraköpfe am Stumpf abbrennt, sondern kaum ist der eine vernichtet, wachsen zwei neue nach.

Besitz

Ich kenne unter meinen Landsleuten junge Männer, die das Unglück hatten, eine Farm zu erben – Häuser, Scheunen, Vieh und die dazugehörigen Arbeitsgeräte, denn solche Dinge werden leichter erworben, als man sie wieder los wird. Es wäre für sie besser gewesen, sie wären in der freien Natur geboren und von einer Wölfin gesäugt worden, dann hätten sie mit klarerem Blick erkannt, wo das wahre Feld ihrer Tätigkeit liegt. Wer hat sie denn zu Sklaven des Bodens gemacht? Warum müssen sie sich von ihren sechzig Morgen Land ernähren, wo der Mensch doch nur dazu verur-

teilt ist, sein eigenes Häufchen Staub zu schlucken? Warum müssen sie, kaum zur Welt gekommen, damit beginnen, an ihrem Grab zu schaufeln, wo sie doch nichts als ein Menschenleben vor sich haben, um, so gut es geht, mit allem fertig zu werden? Wie vielen armen unsterblichen Seelen bin ich nicht auf der Straße des Lebens begegnet, die sich keuchend und stöhnend unter ihrer Last hinschleppten, um ein Anwesen zu erhalten, dessen Augiasställe nie zu reinigen waren; dazu noch hundert Morgen Land bestellen, mähen, weiden und abholzen, wo jeder andere, der nicht mit einem so unnötigen Erbe belastet ist, genug damit zu tun hat, seine paar Kubikdezimeter Fleisch im Zaum zu halten und zu veredeln.
Aber des Menschen Mühen beruht auf einem Irrtum. Das meiste von ihm ist bald als Dünger unter die Erde gepflügt. Ein vermeintliches Verhängnis, allgemein »Notwendigkeit« genannt, treibt ihn dazu, wie es in einem alten Buche heißt, Schätze anzusammeln, die von Motten und Rost gefressen werden und an die sich die Diebe heranmachen. Das aber ist ein Narrenleben, wie sie erkennen werden, sobald es dem Ende zugeht – wenn nicht schon vorher.
Die meisten Menschen sind, sogar in diesem verhältnismäßig freien Land, aus purer Unkenntnis und Verblendung von ihren eingebildeten Sorgen und den vielen unnötigen Mühen des Lebens so sehr in Anspruch genommen, daß sie nie dazukommen, dessen edlere Früchte zu pflücken. Ihre Hände sind von der übermäßigen Plackerei zu schwerfällig und zittrig geworden. Tatsächlich hat der arbeitende Mensch heute nicht

mehr die Muße, sein Leben Tag für Tag wirklich sinnvoll zu gestalten. Wahrhaft menschliche Beziehungen zu seinen Mitmenschen kann er sich nicht leisten; es würde den Marktwert seiner Arbeit herabsetzen. Es fehlt ihm an Zeit, etwas anderes zu sein als eine Maschine. Kann er sich denn auf seine Unwissenheit besinnen, wie es für sein inneres Wachstum erforderlich wäre, wo er doch so oft von seinem Wissen Gebrauch machen muß? Wir müßten ihn manchmal ohne Gegenleistung ernähren, kleiden und ihn unserer Freundschaft versichern, ehe wir uns ein Urteil über ihn bilden. Die besten Seiten unseres Wesens bleiben uns gleich dem Flaum frischer Früchte nur dann erhalten, wenn wir sie sehr behutsam behandeln. Und doch gehen wir weder mit uns noch mit anderen so zart um. Wir alle wissen, wie arm manche unter uns sind, wie hart ihr Leben ist und wie sie oft gleichsam nach Luft ringen. Ich bin überzeugt, daß manche, die dieses Buch lesen, nicht imstande sind, alle Mahlzeiten, die sie tatsächlich verzehrten, auch zu bezahlen, oder die Kleider und Schuhe, die sich so schnell abtragen – vielleicht schon abgetragen sind; sie müssen sich die Zeit borgen oder stehlen, um zu dieser Seite des Buches zu gelangen, und berauben ihre Gläubiger um diese Stunden. Es ist nur zu leicht zu ersehen, wie armselig und bedrückt das Leben vieler von uns ist; mein Blick dafür ist durch Erfahrung geschärft. Immer auf dem Sprung; hinein ins Geschäft – heraus aus den Schulden, aus jenem uralten Sumpf, den die Römer *aes alienum*, »des anderen Kupfer«, nannten, denn einige ihrer Münzen waren aus Kupfer. Leben, sterben und

von »des anderen Kupfer« begraben werden; immer versprechen zu zahlen, für morgen es versprechen und heute sterben – insolvent; um Gunst, um Kundschaft werben, auf welche Weise immer – nur keine Gesetzesübertretungen, nicht ins Gefängnis kommen! Lügen, schmeicheln, versprechen, vor Höflichkeit zum Nichts zusammenzuschrumpfen oder sich in eine Wolke der Großzügigkeit auflösen – alles nur, damit der Nachbar sich die Schuhe, den Hut, den Mantel oder den Wagen bei euch machen läßt oder ihr ihm die Lebensmittel liefern dürft. Sich krank machen, nur um für den Fall einer Krankheit etwas zurückzulegen, das man in einer alten Schatulle oder in einem Strumpf hinter der Tapete versteckt oder noch sicherer hinter den Mauern einer Bank; gleichgültig wo, wieviel oder wie wenig.
Redet mir nicht vom Göttlichen im Menschen! Schaut euch doch den Fuhrmann auf der Landstraße an, der tagsüber oder nachts zu Markte fährt. Was regt sich Göttliches in ihm? Als seine höchste Aufgabe betrachtet er, die Pferde zu füttern und zu tränken. Was ist ihm seine Bestimmung im Vergleich zu dem Erlös aus seiner Fracht? Fährt er nicht im Dienste von Herrn »Tu-dich-um«? Was ist gottähnlich, was unsterblich an ihm? Wie er sich krümmt und windet, den ganzen Tag in unbestimmten Befürchtungen, nicht unsterblich noch göttlich, sondern Sklave und Gefangener seiner Meinung von sich selbst, ein Ruhm, den er sich selbst zuzuschreiben hat. Die öffentliche Meinung ist im Vergleich zu unserer eigenen ein machtloser Tyrann. Was der Mensch von sich selber denkt, ist das Entscheidende, ist das Ausschlaggebende für sein Schicksal.

Die Mehrzahl der Menschen bringt ihr Leben in stiller Verzweiflung hin. Was wir Resignation nennen, ist nichts anderes als chronische Verzweiflung. Aus der hoffnungslosen Stadt geht man aufs hoffnungslose Land und sucht Trost an der Schönheit von Nerz und Bisamratte. Eine stereotype, wenn auch unbewußte Form der Verzweiflung ist sogar unter dem verborgen, was man allgemein als Spiele und Unterhaltungen bezeichnet. Sie haben nichts von einem Spiel an sich, denn das kommt erst nach der Arbeit. Ein charakteristisches Merkmal der Weisheit jedoch ist es, nichts aus Verzweiflung zu tun.

Wenn wir bedenken, was – nach den Worten des Katechismus – das höchste Gebot des Menschen ist, und was der wahre Lebenszweck, die notwendigen Lebensbedürfnisse sind, dann scheint es, als hätten die Menschen sich absichtlich für die allgemein übliche Lebensweise entschieden, weil sie diese jeder anderen vorziehen. Indes sind sie ehrlich davon überzeugt, keine andere Wahl zu haben. Freilich, wache und gesunde Naturen sind sich noch dessen bewußt, daß die Sonne einmal rein aufging. Es ist jedoch nie zu spät, unsere Vorurteile aufzugeben. Auf keine Art des Denkens oder Handelns, wie alt sie auch sei, kann man sich verlassen, ohne sie vorher erprobt zu haben. Was heute alle Welt als wahr anpreist oder stillschweigend dafür gelten läßt, kann sich morgen als leerer Dunst erweisen. Was alte Leute für unausführbar halten – versuch es selbst, und du wirst finden, daß du es kannst. Altes Tun für die Alten, neues für die Jungen. Die Alten verstanden einstmals nicht, sich das Brennmaterial zu verschaffen, um ihr Feuer in Gang zu halten; heute legt man ein bißchen trockenes Holz unter einen Kessel und saust mit der Schnelligkeit eines Vogels rund um die Erde. Das Alter ist kein besserer, ja kaum ein so guter Lehrmeister wie die Jugend, denn es hat nicht so viel gewonnen, wie es verlor. Man möchte beinahe daran zweifeln, daß selbst der Weiseste durch Erfahrung etwas von absolutem Wert gelernt hat. Faktisch haben die Alten den Jungen keine wesentlichen Ratschläge zu geben, denn ihre eigene Erfahrung war zu ichgebunden, ihr Leben – aus persönlichen Gründen, wie sie natürlich glauben – ein kläglicher Mißerfolg. Vielleicht ist ihnen auch, ihrer Erfahrung zum Trotz, ein wenig Glaube geblieben, und sie sind nur weniger jung, als sie waren. Ich habe auf diesem Planeten etwas über dreißig Jahre zugebracht, ohne auch nur die erste Silbe eines wertvollen, ja nicht einmal eines ernst zu nehmenden Rates von meinen älteren Zeitgenossen vernommen zu haben. Sie haben mir nichts mitgeteilt, was brauchbar wäre, und wahrscheinlich haben sie mir auch nichts mitzuteilen. Hier ist das Leben, ein Experiment, von mir zum größten Teil noch unversucht; es nützt mir nichts, daß andere es versucht haben. Wenn ich irgendwelche Kenntnisse erworben habe, die mir von Wert erscheinen, so verdanke ich sie bestimmt nicht meinen Ratgebern.

»Sie können nicht von Pflanzenkost allein leben«, erklärte mir ein Farmer, »denn sie trägt nichts zur Knochenbildung bei.« Darum verwendet er mit heiligem Ernst den halben Tag darauf, sich den Rohstoff zum

Aufbau seiner Knochen zuzuführen; dabei trottet er hinter seinen Ochsen her, die ihn mit ihren Pflanzenkost-Knochen samt seinem schwerfälligen Pflug über alle Hindernisse hinwegziehen. Es gibt Dinge, die von gewissen Kreisen, den hilflosesten und angekränkelten, tatsächlich als Lebensnotwendigkeiten betrachtet werden, während sie anderen bloß als Luxus erscheinen und wieder anderen überhaupt unbekannt sind.
Manche meinen, das ganze Leben mit all seinen Höhen und Tiefen sei von ihren Vorgängern erprobt und für alles sei vorgesorgt worden. Laut Evelyn »traf der weise Salomo Verfügungen über die Abstände, die zwischen den einzelnen Bäumen einzuhalten wären, und die römischen Prätoren bestimmten, wie oft man rechtmäßig des Nachbarn Boden betreten dürfe, um dort die abgefallenen Eicheln zu sammeln, und wieviel davon an den Nachbarn abzuliefern sei«. Hippokrates hat sogar Anweisungen hinterlassen, wie wir uns die Nägel schneiden sollten; nämlich gleich lang mit den Fingerspitzen, nicht kürzer und nicht länger. Überdruß und Langeweile, die uns glauben lassen, alle Abwechslung und Freude sei aus dem Leben gewichen, sind bestimmt so alt wie Adam. Aber des Menschen Möglichkeiten sind noch nicht ermessen, noch können wir sie nach seinen bisherigen Leistungen beurteilen – so wenig wurde erst versucht. Was immer deine Irrtümer bisher gewesen sind, »sei nicht betrübt, mein Kind, denn wer vermag dir anzulasten, was du ungetan gelassen?«
Tausend einfache Vergleiche können uns den Zusammenhang allen Lebens zeigen: zum Beispiel, daß die-

selbe Sonne, die meine Bohnen zum Reifen bringt, gleichzeitig ein ganzes System von Weltkörpern wie den unsrigen beleuchtet. Wäre mir das stets bewußt gewesen, ich hätte mir manchen Irrtum erspart. Das war freilich nicht die Erleuchtung, in der ich meine Bohnen pflanzte. Wie herrlich sind die Dreiecke, deren Scheitelpunkte die Sterne bilden! Und wie verschiedenartig, wie weit voneinander entfernt sind die Wesen, die sie von den verschiedenen Teilen des Weltalls im gleichen Augenblick betrachten. Die Natur und das menschliche Leben sind genauso mannigfaltig wie unsere einzelnen Anlagen. Wer kann sagen, wie das Leben für einen anderen aussieht? Gäbe es ein größeres Wunder als das, einen Augenblick mit den Augen des anderen sehen zu können? Wir könnten in einer Stunde in allen Zeitaltern leben, ja in allen Welten aller Zeiten! Geschichte, Poesie, Mythologie! Ich könnte mir kein Buch über die Erlebnisse eines anderen vorstellen, das so erregend und belehrend wäre.

Das meiste von dem, was meine Mitmenschen für gut halten, halte ich im Grunde meines Herzens für schlecht, und wenn ich etwas im Leben bereue, dann wohl am ehesten meinen guten Lebenswandel. Von welchem Teufel war ich besessen, mich so gut zu betragen? Du magst so weise reden, wie du kannst, alter Mann, du, der siebzig Jahre lebte, und nicht ohne Ehren; ich aber folge einer unwiderstehlichen Stimme, die mich fortlockt von alledem. Eine Generation läßt die Werke der anderen zurück wie gestrandete Schiffe. Ich finde, wir können ruhig viel mehr Vertrauen haben und die Sorgen um uns selbst in dem Maße aufgeben, als wir sie ehrlich anderen zuwenden. Die Natur paßt sich unserer Schwäche ebenso an wie unserer Stärke. Die ständige Anstrengung und Angst mancher Menschen ist fast eine unheilbare Krankheit geworden. Wir sind geneigt, die Wichtigkeit unserer Arbeit zu überschätzen. Und doch: wie vieles ist ohne unser Zutun geschehen! Und wenn wir krank geworden wären? Wie vorsichtig sind wir doch! Wo es sich nur vermeiden läßt, sind wir entschlossen, ohne Vertrauen auszukommen. Den ganzen Tag auf der Hut, sprechen wir abends nur unwillig unsere Gebete und überlassen uns dem Ungewissen. So unbedingt und ausschließlich hängen wir an dem Leben, das wir führen, halten es hoch und verschließen uns jeder Möglichkeit einer Änderung. Das ist der einzige Weg, sagen wir. Aber es gibt so viele Wege, wie wir Radien von einem Mittelpunkt aus ziehen können. Jede Veränderung ist ein Wunder, des Nachdenkens wert, allein es ist ein Wunder, das sich jeden Augenblick vollzieht. Konfuzius sagt: »Zu wissen, daß wir wissen, was wir wissen, und daß wir nicht wissen, was wir nicht wissen, das ist das wahre Wissen.« Sobald nur ein Mensch eine Schöpfung der Phantasie auf eine des Verstandes reduziert hat, werden alle übrigen ihr Leben auf dieser Grundlage aufbauen, davon bin ich überzeugt.

Überlegen wir doch einmal, welchen Dingen unsere Sorgen und Ängste vorwiegend gelten, und ob es überhaupt notwendig ist, sich Sorgen zu machen oder sich zumindest vorzusehen. Es wäre kein schlechter Gedanke, mitten in unserer Zivilisation ein einfaches Grenzerleben zu führen, nur um zu erfahren, was die notwendigsten Lebensbedürfnisse eigentlich sind, und welche Methoden es gibt, sie zu befriedigen.

Unter dem Wort *Lebensbedürfnisse* verstehe ich alles, was sich der Mensch durch eigene Mühe erwirbt, was ihm seit jeher oder durch lange Gewöhnung so wichtig geworden ist, daß höchstens Wilde, Arme oder Philosophen je versuchten, ohne es auszukommen. Für die meisten Geschöpfe gibt es in dieser Beziehung nur ein Lebensbedürfnis, die Nahrung. Für den Büffel in der Prärie werden es ein paar Büschel schmackhaften Grases und ein Trunk Wasser sein; es sei denn, daß er gerade den Schutz des Waldes oder den Schatten eines Berges aufsucht. Kein Geschöpf der Tierwelt braucht mehr als Nahrung und Unterschlupf. Die Lebensbedürfnisse eines Menschen unseres Klimas lassen sich ziemlich vollständig unter den Begriffen *Nahrung, Wohnung, Kleidung* und *Heizung* zusammenfassen. Denn erst, wenn wir uns diese gesichert haben, können wir mit freiem Kopf und mit einiger Aussicht auf Erfolg auf die wahren Probleme des Lebens eingehen. Der Mensch hat nicht nur Häuser erfunden, sondern auch Kleidung und das Zubereiten der Nahrung; und aus der zufälligen Entdeckung der Feuerwärme und ihrem ständigen Gebrauch entwickelte sich vermutlich das heutige Bedürfnis, am Feuer zu sitzen. Wir sehen, daß auch Katzen und Hunde sich dies zur zweiten Natur gemacht haben. Durch entsprechende Behausung und Kleidung erhalten wir uns die notwendige innere Wärme. Beginnt aber nicht mit einem Übermaß an beidem oder an Heizung allein, also mit einer größeren äußeren als der eigenen inneren Wärme eigentlich schon ein Kochen? Der Naturforscher Darwin berichtet aus Feuerland, daß seinen Leuten, die warm angezogen nahe am Feuer saßen, keineswegs zu heiß gewesen sei, während zu seiner Überraschung den nackten Eingeborenen, die weiter entfernt standen, bei diesem »Rösten« der Schweiß heruntergeronnen wäre. Ebenso wird erzählt, daß der Neuholländer ruhig nackt herumlaufe, während der Europäer in seinen Kleidern friere. Sollte es nicht möglich sein, diese Widerstandsfähigkeit wilder Völker mit der Intelligenz des zivilisierten Menschen zu vereinen?

Laut Liebig ist der menschliche Körper ein Ofen und die Nahrung der Brennstoff, der die Verbrennung in den Lungen aufrechterhält. Bei kaltem Wetter essen wir mehr, bei warmem weniger. Die animalische Wärme ist das Ergebnis einer langsamen Verbrennung, während Krankheit und Tod eintreten, wenn diese zu rasch vor sich geht. Auch Mangel an Brennstoff oder Luftzufuhr kann das Feuer zum Erlöschen bringen. Betrachtet man nun die Nahrung als den Brennstoff, der das Feuer in uns erhält, während die Heizung nur dazu dient, diese Nahrung zuzubereiten oder unsere Körperwärme zusätzlich zu erhöhen, dann dienen Wohnung und Kleidung hauptsächlich dazu, die so erzeugte und aufgenommene Wärme zu erhalten.

Die wichtigste Notwendigkeit für unseren Körper ist demnach, die Lebenswärme in uns zu erhalten. Wieviel Mühe machen wir uns, nicht allein, was Nahrung, Kleidung und Wohnung betrifft, sondern auch unsere Betten, die unsere Nachthüllen sind, Wohnungen in den Wohnungen, derentwegen wir die Vögel ihrer Brutstätten und ihres Gefieders berauben; so gleichen wir dem Maulwurf, der im hintersten Winkel seines Baues sein Bett aus Gras und Blättern bereitet! Der Arme klagt gewöhnlich darüber, wie kalt diese Welt sei. Und auf Kälte, sowohl der physischen wie der sozialen, beruht ein großer Teil unserer Leiden. Das Klima mancher Breitengrade ermöglicht dem Menschen im Sommer ein geradezu paradiesisches Leben: Heizmaterial wird nicht gebraucht, es sei denn zum Kochen. Die Sonne ist das Feuer, und viele Früchte werden durch sie tischfertig geliefert. Die Nahrung ist im allgemeinen abwechslungsreicher und leichter erreichbar, Kleidung und Wohnung oft ganz oder teilweise unnötig.

An zweiter Stelle stehen bei uns heutzutage, wie ich aus eigener Erfahrung weiß, ein paar Geräte: ein Messer, eine Axt, ein Spaten, ein Schubkarren etc. und für den Studierenden eine Lampe, Schreibzeug und der Zugang zu einigen Büchern. Das alles ist für wenig Geld zu haben. Und doch gibt es Leute, die unklugerweise, um zu leben, das heißt um sich angenehm warm zu erhalten, in ungesunde, barbarische Gegenden auf der anderen Seite des Erdballs ziehen, dort zehn bis zwanzig Jahre Handel treiben, um schließlich in ihrer Heimat zu sterben. Besonders Reiche erhalten sich nicht nur angenehm warm, sondern unnatürlich heiß; sie lassen sich kochen, wie ich bereits erwähnte, das allerdings *à la mode*.

Fast jeder Luxus und viele der sogenannten Bequemlichkeiten des Lebens sind nicht nur entbehrlich, sondern ein ausgesprochenes Hindernis für die Höherentwicklung der Menschheit. Die Weisesten haben in dieser Beziehung seit jeher dürftiger und einfacher gelebt als die Armen. Die alten Philosophen: Chinesen, Hindus, Perser und Griechen, bildeten eine Klasse, die an äußeren Gütern ärmer und an inneren reicher war als jede andere. Wir wissen sehr wenig von ihnen, doch ist es erstaunlich, daß wir so viel von ihnen wissen. Das gleiche trifft auf die Reformer und Wohltäter späterer Völker zu. Nur freiwillige Armut verleiht die Überlegenheit unparteiischer und weiser Betrachtung des menschlichen Lebens. Die Frucht eines Lebens in Luxus ist Luxus, ob in der Landwirtschaft, im Handel, in der Literatur oder in der Kunst. Wir haben heute Professoren der Philosophie, aber keine Philosophen. Wie man einst trefflich sein Leben verbrachte, darüber hört man heute trefflich dozieren. Philosoph sein, heißt nicht nur, tiefsinnige Gedanken zu haben, nicht einmal eine eigene Schule zu gründen; es heißt vor allem, die Weisheit so sehr zu lieben, daß man ihren Erkenntnissen gemäß ein Leben der Einfachheit, Unabhängigkeit, Großmut und Zuversicht führt, und es heißt, einige Probleme des Lebens nicht nur in der Theorie, sondern auch in der Praxis zu lösen.

Wie kommt es eigentlich, daß wir Menschen degenerieren? Warum sterben Familien aus? Welcher Art ist die Verschwendung, die ganze Völker schwächt und zugrunde richtet? Sind wir sicher, daß sich nichts davon in unserem eigenen Leben befindet? Der Philosoph ist seiner Zeit voraus, selbst in der äußeren Lebensform. Er nährt, kleidet und wärmt sich nicht wie seine Zeitgenossen, er wohnt auch nicht wie sie. Wie kann er auch Philosoph sein, wenn er seine Lebenswärme nicht auf bessere Art zu erhalten weiß als die anderen?

Wenn ein Mensch nun auf die verschiedenen von mir beschriebenen Arten erwärmt ist, was wird er als nächstes benötigen? Doch sicher nicht mehr Wärme der gleichen Art, also mehr und besseres Essen, größere und schönere Häuser, feinere und reichere Kleidung, länger anhaltendes und heißeres Feuer und dergleichen? Wenn er einmal die Dinge erlangt hat, die zum Leben notwendig sind, dann wird seine Wahl auf etwas anderes fallen als auf das Überflüssige. Er wird sich an das Leben selbst wagen, wenn der reine Existenzkampf nicht mehr seine ganze Kraft beansprucht. Der Boden scheint für die Saat geeignet; sie hat ihre Wurzeln tief in die Erde gesenkt – nun darf sie auch vertrauensvoll in die Höhe schießen. Warum hat der Mensch so tief in der Erde Wurzel gefaßt, wenn nicht, um sich ebenso hoch himmelwärts erheben zu können! Denn die edleren Pflanzen werden ihrer Früchte wegen geschätzt, die sie schließlich weit vom Boden entfernt dem Licht und der Luft entgegenhalten; sie werden nicht wie die bescheideneren Nährpflanzen behandelt, von denen selbst die zweijährigen nur so lange kultiviert werden, bis ihre Wurzeln völlig ausgewachsen sind, und deren oberer Teil oftmals gerade zu diesem Zweck ganz abgeschnitten wird, so daß man sie in ihrer Blütezeit meistens nicht erkennt.

Ich habe nicht die Absicht, starken und kühnen Naturen Verhaltensmaßregeln zu geben. Sie werden, in Himmel oder Hölle, selbst mit ihren Angelegenheiten fertig werden und vielleicht prächtiger bauen und verschwenderischer leben als die Reichsten, ohne je zu verarmen und ohne zu wissen, wie sie leben –, wenn es solche Traumnaturen überhaupt gibt. Noch rede ich zu denen, auf die just die gegebenen Lebensumstände ermutigend und befruchtend wirken, und die sie mit der Begeisterung und Hingabe Liebender hochhalten. Bis zu einem gewissen Grade rechne ich mich selbst zu ihnen. Ich rede auch nicht zu denen, die sich, einerlei unter welchen Umständen, gut beschäftigen und die wissen, ob sie sich gut beschäftigen oder nicht, sondern ich wende mich hauptsächlich an die Masse derer, die unzufrieden sind, die sich vergebens über die Härte ihres Loses und der Zeiten beklagen, während sie doch beides selbst verbessern könnten. Dann gibt es manche, die sich am lautesten von allen beklagen und untröstlich sind, weil sie ihre Pflicht tun, wie sie selbst sagen. Ich denke auch an jene scheinbar Reichen, tatsächlich aber unendlich Armen, die wertlosen Plunder aufgehäuft haben und nicht wissen, was sie damit anfangen oder wie sie ihn wieder loswerden sollen; sie haben sich ihre eigenen silbernen oder goldenen Fesseln geschmiedet.

Ohne Kapital

Wenn ich versuchen wollte zu schildern, wie ich in den vergangenen Jahren mein Leben am liebsten verbrachte, würde das wahrscheinlich diejenigen meiner Leser, die mit seinem tatsächlichen Verlauf einigermaßen bekannt sind, überraschen und jene, die nichts darüber wissen, erstaunen. Ich möchte hier nur einige meiner Unternehmungen, an denen ich meine Freude hatte, andeuten.

Bei jedem Wetter, zu jeder Tages- oder Nachtstunde war ich ängstlich bestrebt, die Zeit richtig zu verwerten und eine Spur zu hinterlassen; genau dort zu stehen, wo zwei Ewigkeiten, die Vergangenheit und die Zukunft, einander berühren, nämlich im gegenwärtigen Augenblick. Man wird mir einige Unklarheiten dabei verzeihen, denn es gibt in meinem Handwerk mehr Geheimnisse als in dem der meisten Menschen. Sie sind jedoch nicht beabsichtigt, sondern ergeben sich aus ihrer Natur.

Vor langer Zeit verlor ich einen Jagdhund, mein Pferd (einen Braunen) und eine Taube, und immer noch suche ich sie. Mit vielen, die herumkommen, habe ich ihretwegen gesprochen, habe ihnen ihre Spuren beschrieben und die Rufe, auf die sie hörten. Hin und wieder bin ich einem begegnet, der den Hund gehört hatte und den Hufschlag des Pferdes, ja der sogar die Taube hinter den Wolken verschwinden sah, und alle schienen so erpicht, sie wiederzufinden, als wären sie ihnen selbst verlorengegangen.

Wir sollten nicht nur den Sonnenaufgang und die Dämmerung, sondern womöglich das Erwachen der Natur selbst erleben! Wie viele Morgenstunden, im Sommer wie im Winter, war ich bereits bei meiner Arbeit, noch ehe einer meiner Nachbarn sich zu der seinen erhob. So mancher meiner Landsleute, der Farmer, der sich im Morgengrauen nach Boston aufmachte, oder der Holzfäller, der an seine Arbeit ging, hat mich möglicherweise bereits von meiner Tätigkeit zurückkommen sehen. Es ist wahr, ich habe der Sonne nie sonderlich beim Aufgehen geholfen, doch war allein schon meine Anwesenheit bei diesem Ereignis von allerhöchster Wichtigkeit.

So manchen Herbst- und Wintertag verbrachte ich außerhalb der Stadt, um dem Wind das seinige abzulauschen, es ihm abzulauschen und schnell weiterzutragen. Ich verschwendete darauf fast alles, was ich hatte, und verlor noch meinen eigenen Atem bei der Geschichte, wenn ich mich ihm entgegenstemmte. Hätten sich diese Botschaften auf eine der politischen Parteien bezogen, sie wären, verlaßt euch drauf, gleich in der ersten Morgenzeitung erschienen. Zuweilen machte ich von der Warte einer Felsklippe oder eines Baumes aus meine Beobachtungen, um jedes neue Ereignis weiterzugeben. Oder ich erwartete abends auf einem Hügel das Aufziehen der Dämmerung, um ein wenig von ihr einzufangen, doch fing ich nie viel dabei, und selbst das wenige zerschmolz wie Manna in der Sonne.

Lange Jahre hindurch war ich aus eigener Berufung Inspektor der Schneestürme und Regenschauer und

übte gewissenhaft mein Amt aus; war Aufseher, wenn auch nicht der Landstraßen, so doch der Waldpfade und Feldwege, die ich zu allen Jahreszeiten gangbar erhielt, wo menschliche Fußspuren von ihrer Benützung zeugten, und deren Schluchten ich überbrückte. Ich habe den Wildbestand der Gegend behütet, der einem gewissenhaften Hirten eine Menge Kummer verursachen kann, weil die Tiere gern über die Zäune springen. Und ich hatte ein wachsames Auge auf die einsamen Ecken und Winkel der Farmen, wenn ich auch nicht immer wußte, ob an jenem Tage gerade Jonas oder Salomon auf einem bestimmten Felde arbeitete, denn das ging mich ja nichts an. Ich habe die Blaubeeren, die Sandkirschen und den Nesselbaum bewässert, die Rotfichte, die Schwarzesche, den weißen Wein und das gelbe Veilchen, die sonst in trockenen Jahreszeiten vielleicht verdorrt wären.
Kurz, so trieb ich es eine lange Zeit und darf, ohne zu übertreiben, sagen, daß ich mein Amt pflichtgetreu versah, bis ich allmählich erkannte, daß meine lieben Mitbürger gar nicht daran dachten, mich in die Stadtverwaltung zu wählen oder mir eine bescheidene Pfründe auszusetzen. Meine Regien, über die ich, wie ich beschwören kann, gewissenhaft Buch führte, wurden nie überprüft, noch weniger anerkannt und erst recht nicht beglichen. Daran aber war mir nicht viel gelegen.
Bald danach kam ein herumziehender Indianer an die Tür eines bekannten Rechtsanwalts meiner Nachbarschaft, um Körbe feilzubieten.
»Wollen Sie Körbe kaufen?« fragte er.

»Nein, wir brauchen keine« war die Antwort.
»Was!« rief der Indianer aus, indem er sich entfernte. »Wollt ihr uns denn verhungern lassen?«
Als er gesehen hatte, wie gut es seinen fleißigen weißen Nachbarn ging – daß der Rechtsanwalt nur ein paar Argumente zusammenzuflechten brauchte, um wie durch einen Zauber zu Wohlstand und Ansehen zu gelangen –, hatte er sich gesagt: Ich will auch ein Geschäft betreiben. Ich werde Körbe flechten, das ist etwas, was ich kann. Mit der Anfertigung der Körbe glaubte er, daß seine Sache getan und daß es nun Sache der Weißen sei, sie zu kaufen. Aber er hatte nicht daran gedacht, sie davon zu überzeugen, daß sie die Körbe auch brauchten, oder es ihnen wenigstens einzureden, noch aber dachte er daran, etwas anderes herzustellen, dessen Kauf ihnen lohnend erschienen wäre.
Auch ich hatte so etwas wie einen Korb geflochten, einen von besonders feiner Struktur, dessen Kauf jedoch niemandem lohnend erschien. In meinem Fall war es mir auf das Flechten angekommen, und anstatt zu versuchen, ihn den Leuten anzupreisen, überlegte ich, wie ich die Notwendigkeit, ihn zu verkaufen, überhaupt umgehen könnte. Es gibt nur eine Lebensweise, die von den Menschen als erfolgreich angesehen und gepriesen wird. Warum überschätzen wir eine einzige auf Kosten so vieler anderer?
Als ich begriff, daß meine Mitbürger mir kaum ein Amt bei Gericht, eine Pfarre oder sonst eine Lebensmöglichkeit anbieten würden, daß ich also meine Lage selbst ändern müßte, wandte ich mich entschiedener als zuvor den Wäldern zu, wo ich besser bekannt war. Ich

wartete nicht erst, bis ich das übliche Kapital beisammen hätte, sondern nutzte das wenige, was ich besaß, und machte mich sofort an die Arbeit. Ich zog an den Waldensee, nicht um dort billig oder teuer zu leben, sondern um möglichst ungehindert ein persönliches Vorhaben durchzuführen. Mich aus Mangel an gesundem Menschenverstand, Unternehmungsgeist oder Geschäftssinn davon abhalten zu lassen, wäre mir weniger bedauerlich als dumm erschienen.

Ich habe mich stets bemüht, mir strenge Geschäftsprinzipien anzueignen; das ist unerläßlich für jeden. Wer mit den himmlischen Mächten in Geschäften steht, dem wird eine bescheidene Unterkunft an der Küste genügen. Er wird nur Artikel ausführen, die das Land hervorbringt – lauter einheimische Produkte: an Eis, Holzklötzen und selbst an Granit herrscht bei uns ja kein Mangel! Das wäre keine schlechte Spekulation. Er wird alle Einzelheiten selbst überwachen – Lotse, Kapitän, Versicherer und Versicherter in einer Person; er wird kaufen, verkaufen und die Buchhaltung führen; jeden Brief lesen, der ankommt, und jeden schreiben oder durchsehen, der hinausgeht; Tag und Nacht das Ausladen der eingeführten Waren überwachen, an vielen Orten der Küste fast gleichzeitig sein, denn oft wird die reichste Fracht in einem kleinen Hafen gelöscht; er wird sein eigener Telegraf sein, unermüdlich den Horizont absuchen, mit allen Fahrzeugen Verbindung aufnehmen, die an die Küste kommen; einen ständigen Warenversand zur Versorgung eines so umfangreichen und weitverzweigten Marktes unterhalten; die Marktberichte im Auge behalten und die Aussichten auf Krieg und Frieden allerorts; den Strömungen in Handel und Zivilisation vorbauen, indem er die Ereignisse der letzten Forschungsexpeditionen, neue Schiffslinien und die Verbesserungen der Navigation auswertet; Karten wird er studieren, sich die Lage der Riffe, Leuchttürme und Bojen einprägen und immer von neuem die Logarithmentafeln berichtigen müssen, denn durch eine falsche Berechnung zerschellt das Schiff oft an einem Felsen, statt im gastlichen Hafen zu landen. Auch mit den Wissenschaften muß er Schritt halten, das Leben der großen Entdecker, Glücksritter und Weltumsegler, von Hanno und den Phöniziern bis auf den heutigen Tag studieren. Schließlich muß er von Zeit zu Zeit auch die Lagerbestände aufnehmen, um zu wissen, woran er ist – eine Arbeit, die alle Fähigkeiten des Menschen in Anspruch nimmt; denn auch die Frage der Gewinne und Verluste, der Zinsen, der Gewichtsberechnungen mit allen ihren Einzelheiten erfordern ein umfassendes Wissen.

Mir schien für diese Tätigkeit der Waldensee der geeignete Ort, nicht nur wegen der Nähe der Eisenbahn und des Eishandels; er bietet auch andere Vorteile, die weiterzuverbreiten nicht klug wäre. Der Boden ist gesund und die Lage günstig, es gibt auch keine Sümpfe trockenzulegen, doch soll der Mensch sich stets auf die eigene Kraft verlassen – überall auf selbstgefügtem Fundament bauen.

Kleidung

Da ich mein Vorhaben ohne das übliche Kapital in Angriff nehmen mußte, wird man sich fragen, woher ich die Mittel, die zu einem solchen Unternehmen ja unentbehrlich sind, eigentlich nahm. In der Frage der Kleidung – um gleich mit der praktischen Seite zu beginnen – lassen wir uns bei ihrer Anschaffung weit mehr von der Sucht nach Neuartigkeit und der Rücksicht auf die Meinung anderer leiten als von ihrer Zweckmäßigkeit. Der arbeitende Mensch sollte sich zunächst einmal darauf besinnen, daß die Kleidung erstens unsere Lebenswärme erhalten und zweitens – dem heutigen Stande unserer Gesellschaft gemäß – unsere Nacktheit bedecken soll. Dann überlege er, wieviel nützliche oder wichtige Arbeit er leisten kann, ohne seine Garderobe zu vermehren. Könige und Königinnen, die ein Kleidungsstück nur ein einziges Mal tragen, wissen trotz bester Maßarbeit nicht, wie angenehm sich ein Anzug trägt, der wirklich sitzt. Unsere Kleidung paßt sich von Tag zu Tag mehr unserem Körper an, erhält immer mehr vom Charakter ihres Trägers, bis wir uns schließlich nur ungern und zögernd, nach etlichen Heilversuchen, und manchmal traurig, als legten wir ein Stück von uns selbst damit ab, von ihr trennen. Noch nie habe ich einen darum gering geschätzt, weil er einen Flicken im Anzug hatte; ich bin jedoch überzeugt, daß die Menschen im allgemeinen mehr um modische oder wenigstens gepflegte, ungeflickte Kleider besorgt sind als um ein reines Gewissen. Und selbst wenn der Riß nicht geflickt ist, so ist doch die schlimmste Untugend, die er verrät, Unachtsamkeit!

Ich stelle mir bei meinen Bekannten manchmal die Frage: Würde er einen Flicken oder auch nur zwei Extranähte auf seinem Hosenknie tragen? Die meisten benehmen sich, als würde das alle ihre Zukunftsaussichten zunichte machen. Eher würden sie mit einem gebrochenen Bein in die Stadt humpeln als mit einer zerrissenen Hose. Denn sie berücksichtigen nicht das, was wirklich achtenswert ist, sondern das, was geachtet wird. Wir kennen nur wenige Menschen, aber sehr viele Überröcke und Hosen. Man ziehe einer Vogelscheuche seinen neuesten Anzug an und stelle sich nackt daneben: wer würde nicht zuerst die Vogelscheuche grüßen? Es wäre interessant festzustellen, in welchem Maße die Menschen Rang und Ansehen behielten, wenn man sie ihrer Kleidung entledigte.

Ein Mensch, der einmal die richtige Beschäftigung gefunden hat, braucht dazu keinen neuen Anzug. Ihm wird sein alter genügen. Alte Schuhe werden einem Helden länger dienen als seinem Diener – wenn ein Held je einen Diener hat –, und bloße Füße sind älter als jeder Schuh, er wird auch mit ihnen zurechtkommen. Nur Leute, die zu Abendgesellschaften und diplomatischen Empfängen gehen, brauchen neue Kleider, Kleider, die so oft gewechselt werden können, wie der Mensch in ihnen sich ändert. Wenn aber mein Rock, meine Hose, mein Hut und meine Schuhe gut genug sind, um Gott darin zu dienen, dann sind sie auch für alles übrige gut genug, oder etwa nicht? Wer hat je seine alten Kleider, seinen alten Mantel tatsächlich so abgetragen, daß er in seine ursprünglichen Bestandteile zerfiel, so daß es keine Wohltat mehr war, ihn einem armen Jungen zu schenken, der ihn seinerseits vielleicht einem noch ärmeren weiterschenkte – oder sollen wir ihn reicher nennen, da er mit weniger auskommen konnte?

Hütet euch vor jedem Unternehmen, das neue Kleider erfordert und nicht einen neuen Menschen. Was immer man vorhat, man versuche es in seinen alten Kleidern. Nicht was wir *anhaben*, sondern was wir *tun*, vielmehr was wir *sind* – darauf kommt es an! Vielleicht sollten wir uns nie, und sei der alte noch so schmutzig und zerrissen, einen neuen Anzug anschaffen, ehe wir so gelebt und gehandelt haben, daß wir uns in unserer alten Haut wie neue Menschen vorkommen. Behalten wir aber auch dann den alten Anzug, so bergen wir gleichsam neuen Wein in alten Schläuchen. Unsere Mauserungszeit sollte wie die des Federviehs für unser Leben Bedeutung haben. Der Eistaucher zieht sich um diese Zeit in einsame Gewässer zurück. Und die Schlange legt, genau wie die Raupe ihre Wurmhülle, ihre Haut infolge eines inneren Arbeitsprozesses und Wachsens ab.

Wenn ich ein Kleidungsstück besonderen Schnitts bestelle, dann antwortet mir mein Schneider gewöhnlich mit wichtiger Miene: »Das trägt man jetzt nicht.« Das *man* betont er dabei nicht, als spräche er von einer überpersönlichen Macht wie dem Schicksal. Und ich kann mir nicht machen lassen, was ich haben möchte, aus dem einfachen Grunde, weil er nicht glauben kann, daß ich so dreist bin, wirklich das zu verlangen, was ich sage. Wenn ich diesen orakelhaften Satz höre, überlege ich mir jedes einzelne Wort, nur um herauszufinden, welches Verwandtschaftsverhältnis zwischen diesem *man* und *mir* besteht, und welches Bestimmungsrecht jemand anderer in einer Sache haben kann, die ausschließlich mich angeht. Schließlich kommt mich die Lust an, ihm im gleichen geheimnisvollen Ton und mit der gleichen nachlässigen Betonung des *man* zu antworten: »Allerdings, vor kurzem trug man das nicht, aber jetzt trägt man es wieder.« Welchen Sinn hat das Maßnehmen, wenn er dabei nicht auch meinen Charakter mißt, sondern nur die Breite meiner Schultern, als handle es sich um einen Kleiderhaken? Wir verehren weder die Grazien noch die Parzen, dafür aber die Mode! Sie spinnt, webt und schneidet ab mit unumstrittener Autorität. Der Oberaffe in Paris setzt eine Reisemütze auf, und alle Affen Amerikas machen es ihm nach. Manchmal gebe ich die Hoffnung auf, daß je auf dieser Erde etwas wirklich Einfaches und Ehrliches von Menschenhand vollbracht werden kann. Man müßte die Menschen zuerst durch eine gewaltige Presse gehen lassen, um die gewohnten Vorstellungen aus ihnen herauszuquetschen. Und selbst dann würde sich einer unter ihnen finden mit einer Grille im Kopf, die einem Ei entschlüpfte, das auf Gott weiß welchem Wege dorthin gelangt war (denn nicht einmal Feuer vermag dieses Ungeziefer auszurotten) – und alle Mühe wäre umsonst gewesen. Wir wollen aber trotzdem nicht verges-

sen, daß uns durch eine Mumie der ägyptische Weizen übermittelt wurde.
Alles in allem kann man, glaube ich, nicht behaupten, daß sich die Bekleidung bei uns oder in irgendeinem anderen Land zu künstlerischem Rang aufgeschwungen hätte. Die Menschen behelfen sich zur Zeit mit dem, was sie zu kaufen bekommen. Wie Schiffbrüchige ziehen sie an, was auf dem Strande zu finden ist, und machen sich, nach einem geringen Abstand, zeitlich wie räumlich, über die eigene Maskerade lustig. Jede Generation lacht über die Moden der Vergangenheit, geht jedoch treu und brav mit der neuen. Ausgezogen wirkt jedes Kostüm grotesk und kläglich. Nur der Geist, dessen Hauch wir spüren, das echte Leben, das darin gelebt wurde, sind es, die unser Lachen zum Verstummen bringen und jeglicher Tracht Würde verleihen.
Der kindische und barbarische Geschmack von Männern und Frauen für neue Muster zwingt so viele, ihre Kaleidoskope zu schütteln und in sie hineinzugaffen, nur um zu erraten, nach welchem besonderen Muster die heutige Generation verlangt. Unsere Fabrikanten kennen die Launenhaftigkeit dieses Geschmacks. Von zwei Mustern, die sich nur durch ein paar Fäden mehr oder weniger einer bestimmten Farbe voneinander unterscheiden, läßt sich das eine sofort verkaufen, während das andere liegenbleibt. Doch kommt es häufig vor, daß in der nächsten Saison gerade das zweite Muster in Mode kommt. Im Vergleich dazu ist das Tätowieren lange nicht so schrecklich, wie es allgemein heißt. Deshalb allein, weil das Muster hauttief geht

und unveränderlich ist, kann es nicht als barbarisch bezeichnet werden.
Ich kann nicht glauben, daß die fabrikmäßige Erzeugung die beste Methode ist, die Menschen zu kleiden. Denn wie ich mich selbst überzeugen konnte, ist der Hauptzweck solcher Produktion nicht, daß die Menschen gut und anständig gekleidet gehen, sondern zweifellos die Bereicherung der Konfektionshäuser. Zu guter Letzt erreichen die Menschen doch nur, was sie erstreben. Drum sollten sie, auch wenn es anfangs mißlingt, lieber gleich nach etwas Hohem streben.

Wohnung

Ich will nicht bestreiten, daß unsere Wohnungen gegenwärtig wirklich ein Lebensbedürfnis bedeuten, obwohl es Beispiele dafür gibt, daß der Mensch lange Zeit auch ohne sie ausgekommen ist – und in kälteren Gegenden. Samuel Laing berichtet, daß »der Lappländer in seiner Fellkleidung und einem Fellsack, den er sich über Kopf und Schultern zieht, Nacht für Nacht im Schnee schläft, und dies bei Kältegraden, die für jeden anderen, in Wolle gekleideten Menschen todbringend wären«. Er hatte sie selbst so schlafen sehen. »Dabei«, setzt er hinzu, »sind sie nicht widerstandsfähiger als andere Menschen.«
Wahrscheinlich aber hat der Mensch die Annehmlichkeit eines Hauses verhältnismäßig früh entdeckt. In

der Bildschrift der Indianer bedeutete ein Wigwam das Symbol für einen Tagesmarsch, und eine Reihe davon, in die Rinde eines Baumes geschnitten, besagt, wie oft sie kampiert hatten. Der Mensch war nicht groß und stark genug geschaffen, daß er nicht danach trachten mußte, seine Welt einzuengen und einen ihm passenden Raum zu ummauern. Anfangs ging er nackt und lebte im Freien. Bei schönem, warmem Wetter und bei Tageslicht mochte das sehr angenehm sein; Regen und Winter aber, von der glühenden Sonne ganz zu schweigen, hätten seine Gattung vielleicht im Keime vernichtet, wäre er nicht schleunigst darangegangen, sich mit dem Schutz eines Hauses zu umgeben. Der biblischen Erzählung nach bedeckten sich Adam und Eva mit Blättern, ehe sie zu Kleidern übergingen. Den Menschen verlangte es nach einem Heim, einem Fleckchen der Wärme und Behaglichkeit, zunächst der physischen, dann der Herzenswärme.

Jedes Kind beginnt gewissermaßen wieder von vorne. Es hält sich gerne im Freien auf, auch bei Regen und Kälte. Es spielt instinktiv »Haus« und »Pferd«. Wer erinnert sich nicht des Interesses, mit dem er als Kind nach überhängenden Felsen und Höhleneingängen Ausschau gehalten hat? Darin drückte sich das natürliche Verlangen unserer primitivsten Urahnen aus, von denen immer noch ein Rest in uns lebt. Von der Höhle gingen wir zu Dächern aus Palmblättern, Rinde und Zweigen über, aus Gras, Stroh und Leinen, aus Brettern, Schindeln, Steinen und Ziegeln, bis wir nicht mehr wußten, was es heißt, im Freien zu leben, und unser Leben in mehr als einer Beziehung häuslich wurde. Vom Herd zum Feld ist ein weiter Weg, und es wäre wahrscheinlich besser, wenn wir häufiger den Tag und die Nacht ohne Scheidewand zwischen uns und den Himmelskörpern verlebten; wenn der Dichter nicht so viel aus geschlossenen Räumen heraus sprechen und der Heilige nicht so lange darin hausen würde. Vögel singen nicht in Käfigen, und Tauben hüten ihre Unschuld nicht im Taubenschlag.

Wenn aber einer beabsichtigt, sich ein Wohnhaus zu bauen, dann sollte er mit ein wenig »Köpfchen« darangehen, um sich am Ende nicht statt dessen in einer Fabrik, einem Labyrinth ohne Wegweiser, einem Museum, einem Gefängnis oder einem prächtigen Mausoleum zu befinden. Überlegen wir uns doch einmal, wie schwach der Schutz zu sein braucht, der unbedingt notwendig ist! Ich habe in unserer Gegend Penobscot-Indianer gesehen, die in Zelten aus dünnem Baumwollstoff wohnten, während draußen knietiefer Schnee lag. Und gewiß wäre es ihnen lieber gewesen, wenn er noch höher gelegen wäre, um sie vor dem Wind zu schützen. Früher, als mich die Frage, wie ich mir auf anständige Weise mein Brot verdienen und dabei genügend Freiheit für meine eigentlichen Bestrebungen erübrigen könnte, noch intensiver beschäftigte als jetzt – denn ich bin inzwischen leider etwas abgestumpft –, kam ich an der Bahnstrecke öfter an einer Kiste von zwei Meter Länge und einem Meter Breite vorüber, in der die Arbeiter abends ihr Werkzeug einsperrten. Das brachte mich auf den Gedanken, daß notfalls jeder Mensch für billiges Geld so eine Kiste bekommen könnte. Er müßte nur ein paar Löcher

hineinbohren, um genügend Luft zu haben, und fände bei Regen und nachts darin einen Unterschlupf, in dem er sich die Freiheit seiner Seele wahren und seinen Neigungen nachhängen könnte. Wie mancher rackert sich zu Tode, um die Miete für eine größere und komfortablere Kiste aufzubringen, der in der kleineren sicher nicht vor Kälte gestorben wäre. Das ist durchaus kein Scherz. Über wirtschaftliche Fragen läßt sich leicht reden, aber man wird nicht so leicht mit ihnen fertig.
Von einer gesunden, widerstandsfähigen Rasse, die vorwiegend im Freien lebte, wurden hier einmal sehr bequeme Häuser hergestellt, und zwar ausschließlich aus Material, das die Natur lieferte. Ein Superintendent der indianischen Einwohner der Kolonie Massachusetts schrieb im Jahre 1674: »Ihre besten Häuser sind dicht und warm und sehr sauber mit Baumrinde gedeckt, die von den Indianern zur Zeit des Steigens der Säfte von den Bäumen geschält und noch grün mit schweren Holzbalken zu großen Platten gepreßt wird ... Manche dieser Häuser waren zwischen zwanzig und dreißig Meter lang und zehn Meter breit ... Ich habe oft in solchen Wigwams gewohnt und fand sie genauso warm wie die besten englischen Häuser.«
Bei den Wilden besitzt jede Familie ein Obdach, welches den Vergleich mit jedem anderen aushält und ihren einfachen, unkomplizierten Bedürfnissen entspricht. Und ich glaube nicht zu übertreiben, wenn ich behaupte, daß, obgleich der Vogel sein Nest, der Fuchs seinen Bau und der Indianer seinen Wigwam hat, in unserer modernen Zivilisation nicht mehr als die Hälfte aller Familien ein eigenes Zuhause besitzen. In

den größeren Städten nennt nur ein winziger Bruchteil der Gesamtbevölkerung ein Haus sein eigen. Alle übrigen bezahlen für diese unsere äußerste Schutzhülle, die längst im Sommer und Winter unentbehrlich ist, jährlich einen Preis, für den man ein ganzes Indianerdorf kaufen könnte, und der dazu beiträgt, die Menschen ihr Leben lang arm zu erhalten. Ich möchte hier nicht von dem Nachteil sprechen, den das Mieten dem Besitz gegenüber aufweist, aber es ist doch sonnenklar, daß der Unzivilisierte sein Haus besitzt, weil es so wenig kostet, während der Zivilisierte seines mietet, weil er sich nicht leisten kann, es zu besitzen. Ja, wird mir entgegnet, aber mit diesem Preis sichert sich der arme Zivilisierte eine Wohnstätte, die im Vergleich zu der des Unzivilisierten ein wahrer Palast ist! Seine Jahresmiete berechtigt ihn zur Nutznießung all jener Verbesserungen, die in Jahrhunderten geschaffen wurden: er kann geräumige, sauber gemalte oder tapezierte Zimmer, Rumfordkamine, Jalousien, kupferne Wasserpumpen, Sicherheitsschlösser, einen bequemen Keller und manche andere Dinge benutzen. Wie aber kommt es, daß der Zivilisierte, der im Genuß dieser Möglichkeiten steht, gewöhnlich *arm* genannt wird, während der Wilde, der sie nicht hat, als Wilder reich ist? Wenn behauptet wird, daß die Zivilisation für den Menschen einen Fortschritt bedeutet – und ich glaube, daß sie das ist, obwohl nur der Weise ihre Vorteile wirklich zu nutzen versteht –, dann müßte auch zu beweisen sein, daß sie ohne höhere Kosten bessere Wohnungen geschaffen hat. Den Preis eines Gegenstandes aber möchte ich die Lebenskraft nennen, die man für ihn eintauschen muß. Um die Kosten für ein besseres Haus aufzubringen, muß ein Bauer unserer Gegend zehn bis fünfzehn Jahre arbeiten, selbst wenn er keine Familie zu erhalten hat. Er wird im allgemeinen also bereits über die Hälfte seines Lebens hinaus sein, ehe er *seinen* Wigwam erworben hat. Bezahlt er statt dessen Miete, so hat er damit nur das schlimmere Übel gewählt. Hätte der Indianer klug gehandelt, seinen Wigwam unter solchen Bedingungen gegen einen Palast zu tauschen?

Wenn ich mir so das Leben meiner Nachbarn, der Bauern von Concord, ansehe, die bestimmt nicht schlechter dran sind als alle übrigen Berufsklassen, dann zeigt sich meistens, daß sie sich zwanzig, dreißig, ja vierzig Jahre lang abrackern mußten, um wirklich Eigentümer ihrer Farmen zu werden, die sie gewöhnlich verschuldet geerbt oder mit geliehenem Geld gekauft haben. Ein Drittel dieser Plackerei können wir ruhig als den Preis für ihr Haus ansehen, das jedoch in der Regel noch nicht bezahlt ist. Manchmal übersteigen die Schulden sogar den Wert der Farm, und die Farm selbst wird zu einer einzigen großen Belastung. Und doch wird sich immer noch ein Erbe finden, dem das alles »nichts Neues« ist, wie er sagt.

Auf Anfrage bei der Steuerbehörde erfuhr ich zu meinem Erstaunen, daß man mir nicht ohne weiteres ein Dutzend Leute nennen könne, deren Farmen schuldenfrei wären. Wenn man die Geschichte dieser Heimstätten kennenlernen will, dann muß man sich bei der Bank erkundigen, bei der sie verpfändet sind. Der

Mann, der seinen Hof mit seiner Arbeit tatsächlich abbezahlt hat, ist so selten, das man mit dem Finger auf ihn zeigen kann. Es ist fraglich, ob es in Concord drei solcher Männer gibt. Was man von den Kaufleuten behauptet, nämlich daß die Mehrzahl von ihnen, etwa siebenundneunzig von hundert, auf keinen grünen Zweig kommen kann, gilt ebenso von den Farmern. Von den ersteren bemerkte einer allerdings treffend, daß ein großer Teil ihrer Fehlschläge nicht rein finanziellen Schwierigkeiten, sondern bloß dem Umstand zuzuschreiben sei, daß sie ihren Verpflichtungen nicht nachkommen, weil das unbequem ist. Das aber bedeutet das Versagen ihres moralischen Charakters, was der Sache ein wesentlich schlimmeres Gesicht gibt und nebenbei darauf hindeutet, daß möglicherweise nicht einmal die drei Obenerwähnten ihre Seelen gerettet, ja vielleicht sogar in einem noch schlimmeren Sinne bankrott gemacht haben als jene, die ehrlich versagten. Der Farmer sucht das Problem seines Lebensunterhalts durch eine Formel zu lösen, die komplizierter ist als das Problem selbst. Um seine Schuhriemen zu verdienen, spekuliert er in Viehherden. Er hat seine Falle äußerst geschickt mit einer haarfeinen Feder versehen, um Bequemlichkeit und Unabhängigkeit zu fangen, beim Fortgehen aber trat er mit seinem eigenen Fuß hinein. Das ist die Ursache seiner Armut. Und aus einer ähnlichen Ursache sind wir alle arm, wenn man die tausend barbarischen Annehmlichkeiten bedenkt, mit denen uns der Luxus umgibt.

Wenn der Farmer endlich sein Haus besitzt, so ist er deswegen nicht reicher, sondern eher ärmer geworden, denn nicht er hat das Haus – das Haus hat ihn. Meiner Meinung nach war der Einwand, den Momus einst gegen das von Minerva erbaute Haus machte, vollkommen richtig: sie habe es nicht beweglich gemacht, wodurch sich schlechte Nachbarschaft nicht vermeiden ließe. Der gleiche Einwand hat auch heute noch seine Berechtigung, denn unsere Häuser sind ein so schwerfälliger Besitz geworden, daß wir in ihnen eher gefangen als beherbergt sind; die schlechte Nachbarschaft aber, die wir meiden sollten, ist unser eigenes armseliges Selbst.

Gesetzt, die *Mehrheit* der Menschen wäre schließlich imstande, das moderne Haus mit all seinen Verbesserungen zu besitzen oder zu mieten. Ist es der Zivilisation, die unsere Häuser verbessert hat, auch gelungen, in gleichem Maße den Menschen zu verbessern, der sie bewohnt? Sie hat zwar Paläste geschaffen, aber es war nicht so leicht, auch Edelleute und Könige hervorzubringen. Wenn das Streben des zivilisierten Menschen kein höheres ist als das des Wilden, wenn er den größten Teil seines Lebens auf die Befriedigung der niedrigen Bedürfnisse und die Beschaffung äußerer Bequemlichkeiten verwendet, warum sollte er dann besser wohnen als jene?

Doch die ärmere *Minderheit*, wie verhält es sich dann mit ihr? Vielleicht werden in demselben Verhältnis, wie die einen in ihren Lebensumständen über den Wilden zu stehen kommen, andere weit unter ihnen sinken? Der Luxus der einen Klasse wird durch die Entbehrungen der anderen aufgewogen. Auf der einen Seite der Palast, auf der anderen das Armenhaus und der »verschämte Arme«. Es ist ein Irrtum anzunehmen, daß in einem Lande, das alle üblichen Anzeichen der Zivilisation aufweist, die Lage eines großen Teils der Bevölkerung nicht ebenso unwürdig sein kann wie die der Wilden. Ich meine hier den entwürdigten Armen und nicht den würdelosen Reichen.

Die meisten Menschen scheinen nie darüber nachgedacht zu haben, was ein Haus eigentlich ist. Sie sind tatsächlich, wenn auch unnötigerweise ihr ganzes Leben arm, weil sie glauben, sie müßten ein gleiches haben wie ihre Nachbarn. Es wäre ja möglich, ein noch luxuriöseres, komfortableres Haus zu erfinden, als wir es heute kennen, das sich jedoch niemand von uns leisten könnte. Müssen wir es denn immer darauf anlegen, mehr zu besitzen? Könnten wir nicht manchmal mit weniger zufrieden sein? Muß denn der angesehene Bürger wirklich durch würdiges Beispiel und ernste Ermahnungen dem Heranwachsenden die sogenannte Notwendigkeit beibringen, sich mit einer Anzahl überflüssiger Schuhe, Schirme und leerer Gastzimmer für leere Gäste auszustatten, ehe er stirbt? Warum kann unsere Einrichtung nicht ebenso einfach sein wie die des Arabers oder Indianers?

Wenn ich an die großen Wohltäter der Menschheit denke, die wir als Abgesandte des Himmels, als Überbringer göttlicher Gaben verehren, dann sehe ich im Geiste keine Wagenladung eleganter Möbel hinter ihnen. Wie, wenn ich nun den Vorschlag machte – und wäre das nicht ein ausgezeichneter Gedanke?–, daß unsere Einrichtung die des Arabers in dem Maße übertreffen dürfe, als wir ihm moralisch und geistig überlegen sind? Unsere Häuser sind mit Einrichtungsgegenständen überladen und verunstaltet. Eine gute Hausfrau würde den größten Teil davon auf den Kehrichthaufen werfen, und es bliebe ihr immer noch genug Morgenarbeit. Morgenarbeit! Beim Erröten Auroras und dem Tönen der Memnonsäule, worin sollte die *Morgenarbeit* des Menschen in dieser Welt bestehen? Ich hatte auf meinem Schreibtisch drei Kalksteine liegen und bemerkte zu meinem Entsetzen, daß sie täglich abgestaubt werden mußten, während mein geistiges Rüstzeug noch unabgestaubt war. Entrüstet warf ich sie zum Fenster hinaus. Wie sollte ich mir da eine ganze Hauseinrichtung anschaffen! Lieber würde ich mich im Freien hinsetzen, denn im Gras gibt es keinen Staub, außer dort, wo der Mensch die Erde umgegraben hat.

Die Einfachheit und Nacktheit des primitiven Menschen hatte wenigstens den Vorteil, daß er sich in der Natur als Gast fühlte. War er durch Nahrung und Schlaf erquickt, dann dachte er wieder ans Weiterziehen. Er lebte in der Welt gleichsam wie in einem Zelt, durchstreifte die Täler, überquerte die Ebenen oder kletterte auf Berge. Aber die Menschen haben sich zu Werkzeugen ihrer Werkzeuge gemacht! Der Mensch, der sich frei und unabhängig Beeren pflückte, wenn er hungrig war, ist Farmer geworden, und der einst unter einem Baum Schutz suchte, Hausbesitzer. Wir schlagen nicht mehr für eine Nacht unser Zelt auf, sondern haben uns auf der Erde ansässig gemacht und den Himmel vergessen. Wir haben die christliche Kultur angenommen, doch nur als eine verbesserte Methode der *Agri*-Kultur. Wir haben für diese Welt ein Familienhaus und für die andere ein Familiengrab errichtet. Unsere besten Kunstwerke sind der Ausdruck menschlichen Ringens, sich aus dieser Lage zu befreien. Ihre Wirkung beschränkt sich jedoch darauf, uns diesen Tiefstand erträglich finden und das Höhere vergessen zu lassen.

Obwohl wir noch nicht so degeneriert sind, um nicht auch heutzutage in einer Höhle oder einem Wigwam leben zu können oder Fellkleidung zu tragen, ist es wohl besser, sich der, wenn auch teuer erkauften Vorteile zu bedienen, die uns der Erfindungsgeist und Fleiß des Menschen anbieten. In unserer Gegend sind Balken, Schindeln, Mörtel und Ziegel billiger und leichter zu beschaffen als brauchbare Höhlen, Baumrinde oder auch nur gut gebrannter Lehm. Mit ein wenig mehr Verstand könnten wir diese Materialien so verwenden, daß wir reicher wären, als es die Reichsten jetzt sind, und unsere Zivilisation zu einem wahren Segen gestalten. Der zivilisierte Mensch ist nur ein erfahrener und verständigerer Wilder.

Doch nun zu meinem eigenen Experiment!

Das Haus

Ende März 1845 lieh ich mir eine Axt, ging in die Wälder am Waldensee und begann in der Nähe der Stelle, wo ich mein Haus bauen wollte, ein paar kerzengerade gewachsene, hohe Weißfichten zu fällen. Es ist schwierig, anzufangen, ohne zu borgen, doch ist es vielleicht noch das großmütigste Verfahren, denn wir geben dadurch unserem Mitmenschen Gelegenheit, Anteil zu nehmen an unserem Beginnen. Der Besitzer der Axt sagte mir, er hüte sie wie seinen Augapfel, als er sie mir überreichte; ich aber gab sie ihm schärfer zurück, als ich sie erhalten hatte.

Es war ein lieblicher Hang mit Nadelbäumen, an dem ich arbeitete; ich hatte von hier den Ausblick auf den See und auf eine kleine Waldlichtung, wo Kiefern und Hickorybäume zu treiben begannen. Das Eis auf dem See war noch nicht geschmolzen, obwohl es bereits einige offene Stellen gab; es war dunkel und mit Wasser durchsetzt. Während der Zeit, die ich dort arbeitete, fiel noch etwas Schnee; doch meistens, wenn ich auf meinem Heimweg den Bahndamm erreichte, zog sich der gelbe Sandstreifen schimmernd durch den blauen Dunst, und die Schienen glänzten in der Frühlingssonne. Lerche, Lachmöwe und andere Vögel waren bereits zurückgekehrt, um ein neues Jahr mit uns zu beginnen. Es waren schöne Frühlingstage. Der Winter menschlichen Mißvergnügens begann wie die Erde aufzutauen, das erstarrte Leben sich auszudehnen. Eines Tages hatte sich der Stiel meiner Axt gelockert.

Ich schnitt einen grünen Hickoryzweig keilförmig zu, trieb ihn mit einem Stein in die Axt und legte das Ganze in ein Wasserloch am Teich, um das Holz zum Aufquellen zu bringen. Da sah ich eine gestreifte Schlange ins Wasser gleiten und, solange ich dort stand, über eine Viertelstunde sichtlich zufrieden auf dem Grunde liegenbleiben. Vielleicht war sie noch nicht ganz aus ihrer Winterstarre erwacht. Und es schien mir, als ob auch die Menschen aus einem ähnlichen Grunde in ihrem gegenwärtigen, primitiven Zustand verharrten, doch einmal, durch die Macht des Frühlings der Frühlinge geweckt, sich unvermeidlich zu einem höheren, geistigeren Leben erheben würden. Ich hatte auch früher schon an frostigen Morgen auf meinem Wege Schlangen liegen sehen, die, den Körper zum Teil noch starr und unbeweglich, auf die Sonne warteten, um sich von ihr auftauen zu lassen. Am ersten April fiel Regen, und das Eis schmolz. Am Morgen war es sehr neblig, und ich hörte eine einsame Wildgans über den See flattern. Sie schrie, als hätte sie sich verirrt, ein Geist des Nebels.

Mitte des Monats – denn ich beeilte mich nicht mit meiner Arbeit, sondern machte mir im Gegenteil ein Vergnügen daraus – stand das Gerüst meines Hauses fertig zum Aufbau. Um die nötigen Bretter dafür zu bekommen, hatte ich bereits die Hütte von James Collins gekauft, einem Irländer, der beim Bau der Fitchburgbahn arbeitete. Seine Hütte galt als besonders gut. Am Tag, da ich ihn besuchen wollte, um sie mir anzusehen, war er selbst nicht zu Hause. Ich ging zuerst, von den Bewohnern unbeobachtet, um sie herum, denn das Fenster lag hoch oben in der Wand vertieft. Die Hütte war klein und hatte ein spitzes Giebeldach, viel mehr gab es daran nicht zu sehen. Sie war meterhoch von Schmutz umgeben wie von einem Komposthaufen. Das Dach war noch das Beste an ihr, obwohl es zum Teil windschief und von der Sonne ausgetrocknet war. Türschwelle gab es keine, dafür aber einen ständigen Durchschlupf für die Hühner unter dem Türrahmen. Frau Collins kam zur Tür und forderte mich auf, die Hütte von innen anzusehen. Bei meinem Nähertreten liefen die Hühner ins Haus. Drinnen war es dunkel, der Fußboden schmutzig, feucht und zum größten Teil morsch. Nur hier und da war noch ein Brett, das nicht entfernt gehört hätte. Die Frau zündete eine Lampe an und zeigte mir die Innenseite des Daches und die Wände; auch die Fortsetzung des Bretterbodens unter dem Bett. Dabei warnte sie mich, nicht in den Keller zu treten, in ein staubiges Loch von einem halben Meter Tiefe. Mit Frau Collins eigenen Worten gab es »gute Dachbretter, gute Wandbretter und ein gutes Fenster« – ursprünglich mit zwei ganzen Scheiben, doch hatte es unlängst eine Katze als Ausgang benützt. Dann waren noch da: ein Herd, ein Bett, eine Sitzbank, ein seidener Sonnenschirm, ein goldgerahmter Spiegel und, an einen Eichenpfosten angenagelt, eine neue Patent-Kaffeemühle – das war alles. Wir wurden bald handelseinig, denn mittlerweile war James heimgekommen. Ich verpflichtete mich, noch am selben Abend vier Dollar fünfundzwanzig zu bezahlen, er dagegen die Hütte um fünf Uhr morgens zu räumen und sie bis dahin keinem anderen zu verkaufen. Um sechs sollte ich sie in Besitz nehmen. Es sei ratsam, früher zu kommen, meinte er, um gewissen unklaren, doch völlig unberechtigten Forderungen an Bodenzins und für Brennmaterial zuvorzukommen – seine einzigen Schulden, wie er mir versicherte.

Ich brach die Hütte gleich am Morgen ab, zog die Nägel aus den Brettern und brachte das Ganze kleinweise mit dem Schubkarren an den See, wo ich die Bretter ins Gras legte, um sie von der Sonne bleichen und wieder geradebiegen zu lassen. Während ich den Waldweg herauffuhr, sang mir eine der ersten Drosseln etwas vor. Von dem jungen Patrick wurde mir heimlich verraten, daß Nachbar Seeley, ebenfalls ein Irländer, während ich unterwegs sei, die noch brauchbaren Nägel, Stifte und Haken in seiner Tasche verschwinden lasse. Als ich zurückkam, stand er da und schaute wie zum Zeitvertreib, unbeschwert von Frühlingssorgen, meinem Zerstörungswerk zu; für ihn gäbe es hier gar nichts zu tun, sagte er. Also vertrat er die Zuschauerschaft und trug dazu bei, diesem verhältnismäßig unwichtigen Ereignis eine Bedeutung zu geben wie dem Auszug der Götter aus Troja.

Ich legte meinen Keller am Südhang des Hügels an. Hier hatte einmal ein Murmeltier seinen Bau gehabt. Ich grub durch Sumach- und Brombeerwurzeln, so tief die Erdschicht reichte, zwei Meter im Quadrat und ungefähr ebenso tief, bis ich auf feinen Sand stieß, wo die Kartoffeln auch im strengsten Winter nicht frieren würden. Die Wände mauerte ich nicht aus; da sie jedoch nicht von der Sonne beschienen wurden, hat der Sand bis zum heutigen Tag nicht nachgegeben. Es war eine Arbeit von höchstens zwei Stunden. Das Graben machte mir besonderes Vergnügen, denn fast überall in der Welt graben die Menschen in die Tiefe, um einen Raum gleichmäßiger Temperatur zu erhalten. Unter dem prächtigen Stadthaus befindet sich immer noch der Keller, der wie in alter Zeit zur Aufbewahrung von Kartoffeln und Rüben dient. Und selbst wenn der Oberbau längst verschwunden ist, verrät er sich der Nachwelt durch eine Vertiefung im Erdboden. Das Haus stellt auch heute noch eine Art Vorraum zu einem Höhleneingang dar.

Endlich, Anfang Mai, errichtete ich den Rohbau meines Hauses. Ich ließ mir dabei von einigen meiner neuen Bekannten helfen, mehr um gutnachbarlicher Beziehungen willen, als weil ich sie wirklich brauchte. Niemals wurde ein Mensch durch die Mitarbeit würdigerer Bauleute geehrt. Ich hoffe, sie werden eines Tages dazu bestimmt sein, bei stolzeren Bauten mitzuwirken. Am vierten Juli, sobald Fußboden und Dach fertig waren, zog ich in mein Haus ein. Die Bretter waren fein sauber keilförmig geschärft und überlappt, so daß kein Regen eindringen konnte. Doch ehe ich an den Fußboden ging, legte ich an einer Seite den Grund zu einem Kamin, für den ich auf meinen Armen zwei Karrenladungen Steine vom See den Hügel herauftrug. Den Kamin baute ich erst im Herbst nach Einbringen der Ernte, kurz bevor es notwendig wurde zu heizen. In der Zwischenzeit kochte ich frühmorgens im Freien auf dem Erdboden – eine Methode, die ich immer noch in mancher Beziehung für angenehmer und bequemer halte als die übliche. Begann es zu regnen, ehe mein Brot gebacken war, dann brachte ich über dem Feuer ein paar Bretter an und setzte mich darunter, gab acht auf meinen Brotlaib und verbrachte so einige angenehme Stunden. In dieser Zeit der handwerklichen Arbeit kam ich nur wenig zum Lesen, aber der kleinste Papierfetzen, der auf dem Boden lag und mir als Topflappen oder als Tischtuch diente, machte mir ebensoviel Vergnügen, ja er bedeutete mir nicht weniger als die Ilias.

Architektur

Es wäre wohl der Mühe wert, mit noch viel mehr Überlegung zu bauen, als ich es tat; beispielsweise zu bedenken, inwieweit eine Tür, ein Fenster, der Keller oder Boden der Natur des Menschen angepaßt sein müssen, und auch nur dann ein Obergeschoß aufzuführen, wenn dazu ein triftigerer Grund vorliegt als bloß ein zweiteiliges Bedürfnis. Der Mensch soll sein Haus ganz nach seinen Bedürfnissen schaffen wie der Vogel sein Nest. Wenn er es mit eigenen Händen baute und sich und die Seinen so einfach und ehrlich wie möglich ernährte – wer weiß, ob die Gabe des Dichtens sich nicht allgemein entfalten würde, wie ja auch die Vögel allgemein bei dieser Beschäftigung singen? Aber leider benehmen wir uns wie der Kuckuck und der Rosenstar, die ihre Eier in Nester legen, die andere Vögel bauten, und die mit ihrem unmusikalischen Ge-

schwätz nicht einmal den Spaziergänger erfreuen. Wollen wir denn das Vergnügen des Bauens für alle Zeiten dem Zimmermann überlassen?
Was bedeutet der großen Masse die Architektur? Nie bin ich auf allen meinen Wegen einem Menschen begegnet, der sich einer so natürlichen und einfachen Beschäftigung widmete wie dem Bau seines Hauses. Wir sind Teil einer Gemeinschaft; es ist nicht nur der Schneider, den der Mensch braucht, es ist auch der Pfarrer, der Kaufmann, der Bauer. Wo nimmt diese Arbeitsteilung ein Ende? Und worauf läuft sie schließlich hinaus? Kein Zweifel, auch ein anderer *kann* für mich denken. Darum aber ist es noch lange nicht wünschenswert, daß dies bis zur Aufgabe meiner eigenen Denkfähigkeit geschehe.
Allerdings, es gibt sogenannte Architekten in unserem Land. Ich habe wenigstens von einem gehört, der von der Idee besessen war, dem architektonischen Ornament einen inneren Gehalt von Wahrheit, Berechtigung und daher auch von Schönheit zu verleihen – als sei das eine Offenbarung! Dieser sentimentale Reformer begann oben am Gesims und nicht beim Fundament. Ihm war nur darum zu tun, in die Ornamente einen echten Kern zu legen – daß jedes Zuckerplätzchen auch tatsächlich eine Mandel oder einen Aniskern enthalte –, und nicht darum, daß die Bewohner von innen und außen richtig bauten und die Ornamente sich selbst überließen. Welcher vernünftige Mensch hat denn je angenommen, daß das Ornament, der Schmuck, etwas rein äußerliches, der bloßen Haut Angehöriges sei? Daß die Schildkröte zu ihrem schecki-

gen Panzer, der Schellfisch zu seinem perlmutternen Schuppenkleid durch eine ähnliche Abmachung gekommen sei wie die Bewohner des Broadway zu ihrer Dreifaltigkeitskirche?
Was ich an architektonischer Schönheit kenne, hat sich, soviel ich weiß, allmählich von innen nach außen entwickelt, ist aus den Bedürfnissen und der Wesensart seiner Bewohner, der eigentlichen Erbauer, entstanden; aus einer unbewußten Wahrhaftigkeit und Vornehmheit, die keine Gedanken auf ihre Wirkung verschwendet. Und auch in Hinkunft wird jeder Schönheit solcher Art eine ähnliche unbewußte Schönheit des Lebens vorausgehen.
Ein großer Teil der architektonischen Ornamente ist buchstäblich hohl. Ein frischer Septemberwind könnte sie davonfegen wie geborgte Federn, ohne daß das Gesamtbild irgendeine Einbuße erlitte. Wer weder Oliven noch Wein im Keller hat, kann sich freilich ohne *Architektur* behelfen. Wie, wenn ein ähnliches Aufhebens von den stilistischen Ornamenten in der Literatur gemacht würde, wenn die Architekten unserer Bibeln so viel Zeit mit ihren Schnörkeln verbrächten wie die Architekten unserer Kirchen? So macht man die *belles-lettres* und die *beaux-arts* und ihre Professoren. Was kommt es einem Menschen darauf an, wie die paar Balken ober und unter ihm verlegt und welche Farben auf seine Kiste gekleckst sind? Es hätte einige Bedeutung, wenn *er* sie selbst sinnvoll verlegen und bemalen würde. Da aber der Geist aus dem Bewohner gewichen ist, so ist die Herstellung seines Hauses gleichbedeutend mit der seines Sarges – eine Grabarchitektur, und

»Zimmermann« ist nur ein anderes Wort für »Sargtischler«. Ein Mensch sagte in seiner Verzweiflung oder aus Gleichgültigkeit gegen das Leben: »Nimm eine Handvoll von der Erde zu deinen Füßen und bemale dein Haus in dieser Farbe!« Dachte er dabei an sein letztes, schmales Haus? Ebensogut ließe sich eine Münze befragen. Was für einen Überfluß an Muße muß dieser Mensch haben! Wozu eine Handvoll Kot aufheben? Bemale dir dein Haus lieber in der eigenen Hautfarbe und lasse es für dich erblassen und erröten. Das wäre ein Schritt zur Verbesserung des architektonischen Stils unserer Wohnhäuser! Wenn ihr mit meinen Ornamenten so weit seid, will ich sie verwenden!

Bevor der Winter kam, baute ich einen Kamin und bedeckte die Wände meines Hauses, das bereits regendicht war, mit noch grünen Schindeln aus Balkenabfällen, deren scharfe Ränder ich mit dem Hobel glätten mußte.

Ich hatte nun ein dicht geschindeltes, innen verputztes Haus, viereinhalb Meter lang, drei Meter breit und zweieinhalb Meter hoch, mit einer Bodenkammer, einem eingebauten Schrank, einem breiten Fenster an jeder Seite, zwei Falltüren, einer Eingangstür und ihr gegenüber einem Backsteinkamin. Da ich alle Arbeit selbst getan und für das verwendete Material den üblichen Preis bezahlt hatte, betrugen die genauen Kosten meines Hauses:

Bretter (meist Schuppenbretter)	Dollar	8.03½
Ausschußschindeln für Dach und Wände		4.00
Latten		1.25

zwei gebrauchte Fenster mit Glas		2.43
tausend alte Ziegel		4.00
zwei Faß Kalk (das war teuer!)		2.40
Roßhaar (mehr als ich brauchte)		0.31
Eisen für Kamineinfassung		0.15
Nägel		3.90
Türangeln und Schrauben		0.14
Türklinke		0.10
Kreide		0.01
Fuhrlohn (das meiste trug ich auf meinem Rücken)		1.40
Alles in allem	Dollar	28.12½

Das war das ganze Material, das ich brauchte, bis auf die Balken, Steine und den Sand, die ich mir auf Grund meines Rechtes als Ansiedler aus dem Walde holte. Ich fügte auch einen kleinen Holzschuppen an, zu dem ich hauptsächlich das beim Bau übriggebliebene Abfallholz verwendete.

Auf diese Art machte ich die Entdeckung, daß sich einer ein Heim auf Lebenszeit verschaffen kann, das nicht mehr kostet als die Miete, die er sonst jährlich zahlt. Wenn das alles als Prahlerei erscheint, so möge man mir zugute halten, daß ich es mehr im Interesse der Menschheit tue als für mich selbst. Einige Unzulänglichkeiten und Ungereimtheiten auf meiner Seite sollen die Wahrheit meiner Behauptungen nicht beeinträchtigen. Ich habe nicht die Absicht, aus falscher Bescheidenheit zum Anwalt des Teufels zu werden.

In Cambridge kostete die bloße Miete eines Studentenzimmers, nur wenig größer als das meine, dreißig Dollar im Jahr, obwohl die Anstalt den Vorteil hatte, zweiunddreißig Zimmer nebeneinander unter einem Dach bauen zu können, was für den einzelnen den Nachteil hat, unter vielen lärmenden Nachbarn und womöglich im vierten Stock wohnen zu müssen. Ich glaube, wenn wir in solchen Dingen mehr Weisheit bewiesen, brauchten wir nicht nur weniger Erziehung – denn dann besäßen wir ja bereits eine bessere –, sondern auch der finanzielle Aufwand für sie würde größtenteils wegfallen. Die Annehmlichkeiten, die der Student in Cambridge oder sonstwo verlangt, kosten ihn oder einen anderen ein zehnmal größeres Opfer an Lebenskraft, als bei klügerem Vorgehen von beiden Seiten nötig wäre. Denn die kostspieligsten Dinge sind niemals die, die der Student wirklich braucht. Die Studiengebühren zum Beispiel machen einen bedeutenden Teil der Gesamtkosten aus, während die viel wertvollere Erziehung, die der Umgang mit den gebildetsten Zeitgenossen vermittelt, ihm unentgeltlich geboten wird.

Der Student, der sich die gewünschte Ruhe und Muße dadurch sichert, daß er sich systematisch von jeder, dem Menschen so nötigen Arbeit drückt, erhält eine nur unwürdige und unfruchtbare Muße, weil er sich selbst um die Erfahrung bringt, die allein die Muße fruchtbar machen kann.

»Sie meinen doch nicht etwa«, höre ich einen rufen, »daß der Student mit den Händen anstatt mit dem Kopf arbeiten soll?« Nein, das meine ich gerade nicht, aber doch etwas, das ihm vielleicht ähnlich vorkommen mag: ich meine, daß er nicht Leben *spielen* oder es nur *studieren* soll, indes der Staat ihn bei diesem teuren Spiel unterstützt, sondern es tatsächlich *leben* – vom Anfang bis zum Ende. Wie sonst kann die Jugend besser lernen zu leben, als indem sie unmittelbar mit dem Experiment des Lebens beginnt? Mich dünkt, das würde für ihren Geist eine gleichwertige Übung sein wie das Studium der Mathematik.

Wenn ich den Wunsch hätte, daß ein junger Mensch etwas von Kunst und Wissenschaft verstehen lerne, würde ich nicht den üblichen Weg gehen und ihn einfach zu irgendeinem Professor schicken, wo alles gelehrt und geübt wird, nur nicht die Kunst des Lebens; wo er die Welt durch ein Teleskop oder Mikroskop betrachtet, doch nie mit offenen Augen; Chemie studiert und nicht lernt, wie unser Brot entsteht; Mechanik, doch nicht, wie man sein Brot verdient; neue Satelliten des Neptuns entdeckt, doch nicht den Balken im eigenen Auge, oder welches Vagabunden Satellit er selber ist; wo er von den Ungeheuern verschlungen wird, die ihn rings umschwärmen, während er die Ungeheuer in einem Tropfen Essig bestaunt. Wer wird am Ende eines Monats wohl mehr Fortschritte gemacht haben: der Junge, der sich aus dem Erz, das er selbst geschürft und geschmolzen, sein eigenes Taschenmesser gemacht und nur das gelesen hat, was dazu unbedingt notwendig war, oder derjenige, der unterdessen Vorlesungen über Metallurgie besuchte und von seinem Vater ein teures Federmesser geschenkt erhielt? Welcher von beiden wird sich wohl eher in den Finger schneiden? ... Zu meiner Verblüffung erfuhr ich beim

Verlassen der Universität, daß ich Navigation studiert hätte! – tja, ein einziger Rundgang durch den Hafen wäre lehrreicher gewesen. Selbst der *arme* Student wird bloß in *National*ökonomie unterrichtet, während sich mit der Ökonomie des Lebens, die gleichbedeutend ist mit Philosophie, auf unseren Hochschulen niemand ernstlich befaßt.

So wie mit unseren Hochschulen verhält es sich mit hundert anderen »modernen Errungenschaften«: sie bleiben zum größten Teil illusorisch. Nicht immer bedeuten sie einen wirklichen Fortschritt. Unsere Erfindungen sind oft nur hübsche Spielereien, die unsere Aufmerksamkeit von ernsteren Dingen ablenken. Sie sind nichts als verbesserte Mittel zu einem nicht verbesserten Ziel. Einem Ziel, das schon immer allzu leicht zu erreichen war; so wie uns die Eisenbahn nach Boston oder New York bringt. Wir haben es eilig, eine telegrafische Verbindung zwischen Maine und Texas herzustellen: aber Maine und Texas haben sich vielleicht gar nichts Wichtiges mitzuteilen? Sie befinden sich in der fatalen Lage jenes Mannes, der sich darum bemühte, einer vornehmen schwerhörigen Dame vorgestellt zu werden, und der dann, als er vor ihr stand und man ihm das eine Ende ihres Hörrohrs in die Hand drückte, nicht wußte, was er ihr sagen sollte. Als ob es darauf ankäme, schnell zu reden anstatt vernünftig!

Fragt mich da einer: »Warum legen Sie kein Geld zurück? Sie reisen doch gern; Sie könnten heute den Zug nehmen, nach Fitchburg fahren und sich die Gegend ansehen.« Da weiß ich aber besser Bescheid. Ich weiß aus Erfahrung, daß der am schnellsten reist, der zu Fuß geht. Darum sage ich zu ihm: »Lieber Freund, laß uns einmal versuchen, wer zuerst hinkommt: Die Entfernung beträgt fünfundvierzig Kilometer, der Fahrpreis neunzig Cent. Das ist fast ein Tagesverdienst. Also schön: Ich gehe zu Fuß und komme vor Einbruch der Nacht an. Ich bin schon wochenlang so marschiert. Sie haben sich in der Zwischenzeit Ihre Fahrkarte verdient und kommen im Laufe des morgigen Tages an – vielleicht auch noch heute abend, wenn Sie das Glück hatten, rechtzeitig Arbeit zu finden. Statt nach Fitchburg zu kommen, werden Sie hier fast den ganzen Tag arbeiten. Und so denke ich, hätte ich immer einen Vorsprung vor Ihnen, selbst wenn die Bahn rund um die Erde führe. Und was das ›Gegend ansehen‹ und ähnliche Eindrücke betrifft, so dürften Sie mit mir überhaupt nicht mehr reden.«

Das ist das allgemeine Gesetz, um das auch der Schlaueste nicht herumkommt. Auch in bezug auf die Eisenbahn ist es nicht anders. Die Menschen geben sich der vagen Vorstellung hin, daß sie nur eine rege Betriebsamkeit von Aktiengesellschaften und Spaten aufrechtzuerhalten brauchten, damit schließlich jedermann in kürzester Zeit und fast umsonst irgendwohin fahren kann. Doch wenn auch die Menge die Bahnhöfe stürmt und der Ruf »Alles einsteigen!« ertönt – hat sich der Dampf einmal verflüchtigt und ist der Rauch verzogen, wird man darauf kommen, daß einige zwar fahren, die übrigen aber überfahren werden. »Eine traurige Sache«, wird es heißen, und so ist es auch. Zweifellos werden diejenigen, die sich ihr Fahrgeld verdient haben, schließlich reisen können, das heißt, wenn sie lange genug am Leben bleiben. Wahrscheinlich aber haben sie bis dahin ihre Elastizität und Reiselust eingebüßt. Die besten Jahre seines Lebens auf den Gelderwerb zu verwenden, nur um während der minder wertvollen Jahre eine fragwürdige Freiheit zu genießen, erinnert an den Engländer, der zuerst nach Indien ging, um reich zu werden, und dann nach England zurückkehren wollte, um dort ein Dichterleben zu führen. Warum zog er nicht gleich in eine Dachkammer?

Nahrung

In dem Wunsche, auf irgendeine anständige und angenehme Weise zehn bis zwölf Dollar zu verdienen, um meine außerordentlichen Ausgaben zu decken, bepflanzte ich, noch ehe das Haus fertig war, etwa einen Hektar lockeren sandigen Bodens in der Nähe mit Bohnen und ein kleineres Stück mit Kartoffeln, Mais, Erbsen und Rüben. Der ganze, zum Haus gehörige Grund umfaßte viereinhalb Hektar und war größtenteils mit Kiefern und Hickorybäumen bestanden. Wie ein Farmer behauptete, taugte er »höchstens zur Zucht piepsender Eichhörnchen«. Da ich nicht der Besitzer, sondern bloß der Pächter des Grundstückes war und nicht beabsichtigte, je wieder so viel anzubauen, düngte ich den Boden nicht, grub auch nicht gleich alles um. Beim Pflügen förderte ich einige Klafter vermoderter Baumstümpfe zutage, die mich lange Zeit mit Brennholz versorgten. Sie hinterließen kleine runde Stellen jungfräulicher Humusschicht, die an dem üppigeren Wuchs der Bohnen den ganzen Sommer hindurch zu erkennen waren. Das morsche, zum größten Teil unverkäufliche Holz hinter meinem Haus und das Treibholz aus dem See bildeten den Rest meines Brennmaterials. Für das Pflügen war ich genötigt, ein Gespann und einen Mann aufzunehmen, hinter dem Pflug ging ich aber selbst.

Ich erntete zwölf Scheffel Bohnen und achtzehn Scheffel Kartoffeln, nebst ein paar Erbsen und süßem Mais. Der gelbe Mais und die Rüben waren zu spät angebaut worden und nicht aufgegangen. Mein Gesamteinkommen aus dem Anbau betrug .... Dollar 23.44
Auslagen für Werkzeug, Saat und
Arbeitslohn 14.72½

es blieben .... Dollar 8.71½

Alles in allem genommen, das heißt, wenn man die Wichtigkeit der menschlichen Seele und der gegenwärtigen Zeit bedenkt, glaube ich, daß ich trotz der kurzen Zeit, die mein Experiment in Anspruch nahm, ja zum Teil sogar wegen seines flüchtigen Charakters, bessere Resultate erzielte als jeder andere Farmer von Concord in diesem Jahr.

Ein Jahr später war ich noch besser dran, denn ich grub nur so viel Land um, als ich für mich selbst brauchte – ungefähr dreizehn Ar. Ich ließ mich durch die vielen berühmten Werke über Landwirtschaft nicht im mindesten einschüchtern und lernte aus den Erfahrungen dieser beiden Jahre, daß ein Mensch, der einfach lebt, der nur das ißt, was er anbaut, und nicht mehr anbaut, als er ißt, und den Ertrag seines Bodens nicht gegen unzulängliche, teure Luxusgüter eintauscht, nur ein paar Hektar Land zu bebauen braucht. Ich erkannte ferner, daß es billiger kommt, mit dem Spaten umzugraben, als mit einem Ochsengespann, und besser ist von Zeit zu Zeit ein neues Stück Boden vorzunehmen, als das alte zu düngen; daß er alle notwendige Landarbeit sozusagen mit der linken Hand und zwischendurch im Sommer verrichten kann, ohne dabei an einen Ochsen, ein Pferd, eine Kuh oder ein Schwein gebunden zu sein wie der Farmer heutzutage. Ich möchte in diesem Punkt unparteiisch sein, da ich weder an den Erfolgen noch an den Fehlschlägen unserer gegenwärtigen ökonomischen und sozialen Einrichtungen interessiert bin. Ich war unabhängiger als jeder Farmer von Concord, denn ich war auch nicht an eine Landwirtschaft gebunden und konnte jeden Augenblick den oft sehr ausgefallenen Eingebungen meines Geistes folgen. Obendrein hätte ich bei einem Brand meines Hauses oder einer Mißernte fast nichts verloren.

Meiner Ansicht nach sind die Menschen weniger Herr über ihr Vieh, als das Vieh Herr über die Menschen, denn dieses ist bei weitem freier. Menschen und Ochsen vertauschen ihre Arbeit. Wenn man aber die nötige Arbeit allein in Betracht zieht, sind die Ochsen weit besser dran, ihre Weide ist viel größer. Der Mensch leistet bei diesem Tausch sein Teil Arbeit in den sechs Wochen des Heuens, und das ist kein Kinderspiel.

Niemals würde ein Volk, das in jeder Beziehung einfach lebt, ein Volk von Philosophen also, einen solchen Fehler begehen, die Arbeit von Tieren zu beanspruchen. Zugegeben, gewisse öffentliche Arbeiten hätten ohne ihre Hilfe nicht ausgeführt werden können, und in diesem Ruhm möge sich der Mensch mit Ochsen und Pferden teilen; aber folgt denn daraus, daß er statt dessen nicht seiner selbst würdigere Werke hätte vollbringen können? Warum sollten sich die Völker immer nur durch ihre Architektur und nicht auch durch große abstrakte Gedanken ein Denkmal setzen? Um wieviel bewunderungswürdiger ist doch die Bhagavad-Gitâ als alle Ruinen des Ostens! Tempel und Türme sind ein Luxus der Fürsten. Ein einfacher, unabhängiger Geist wird sich nicht auf Geheiß eines Fürsten zuschanden arbeiten. Das Genie ist kein Fürstendiener und sein Stoff bis auf wenige Ausnahmen weder Silber noch Gold, noch Marmor.

Wozu in aller Welt werden so viele Steine behauen? Die Völker scheinen von dem krankhaften Ehrgeiz besessen zu sein, sich durch die Menge behauener Steine zu verewigen, die sie hinterlassen. Wenn sie nur die gleiche Mühe darauf verwenden würden, ihre Lebensweise zu glätten und zu polieren! Ein einziger guter Gedanke ist mehr wert als jede Gedenksäule, und wenn sie bis an den Mond reichte. Ich sehe Steine lieber an ihrem ursprünglichen Platz. Die meisten, die von einem Volk behauen werden, gehen auf seine Grabstätte auf. Doch zurück zu mir.

Meine zweijährige Erfahrung lehrte mich, daß es auch in unseren Breitengraden unglaublich wenig Mühe kostet, sich die erforderliche Nahrung zu verschaffen; daß sich der Mensch so einfach wie die Tiere ernähren und dabei doch gesund und stark bleiben kann. Eines meiner in mehr als einer Hinsicht ausreichenden Gerichte bestand aus einer Schüssel Portulak *(Portulaca oleracea)*, den ich mir von meinem Maisfeld holte, kochte und salzte. Und was könnte ein vernünftiger Mensch in friedlichen Zeiten als Alltagsgericht mehr verlangen als eine reichliche Menge süßer gekochter Maiskolben mit etwas Salz dazu? Ja sogar die kleine Abwechslung, die ich mir gestattete, war mehr ein Zugeständnis an meinen Appetit als Rücksicht auf meine Gesundheit. Aber es ist mit den Menschen schon so weit gekommen, daß sie oft hungern, nicht, weil es ihnen am Notwendigen fehlt, sondern weil es sie nach Leckerbissen gelüstet.

Der Leser wird bereits bemerkt haben, daß ich diesen Gegenstand mehr vom ökonomischen Standpunkt als vom diätetischen her behandle, und wird es wahrscheinlich nicht riskieren, eine ähnliche Enthaltsamkeit an sich zu versuchen, es sei denn, er besitze eine gut gefüllte Speisekammer.

Brot machte ich mir anfangs aus reinem Maismehl und Salz. Es waren richtige grobe Maiskuchen, die ich im Freien auf einer vom Hausbau übriggebliebenen Schindel oder einem anderen flachen Holzstück herausbackte. Aber sie wurden leicht rauchig und schmeckten nach Harz. Ich versuchte es auch mit Mehl, entdeckte zuletzt jedoch eine Mischung aus Roggen- und Maismehl, die sehr bekömmlich und wohlschmeckend war. Bei kühler Witterung hatte ich meinen Spaß daran, mehrere dieser kleinen Laibe hintereinander zu backen, sie so liebevoll zu wenden und zu drehen wie der Ägypter seine brütigen Hühnereier. Es waren wirkliche Kornfrüchte, die ich zur Reife brachte, und sie hatten für mein Gefühl einen Duft wie jede andere edle Frucht; ich bewahrte sie so lange wie möglich in Tücher gehüllt auf. Um die uralte, unentbehrliche Kunst des Brotbackens zu studieren, zog ich alle zu Gebote stehenden Gewährsmänner zu Rate. Sie führten mich bis in die primitive Zeit der ersten Erfindung des ungesäuerten Brotes zurück, als die Menschen von Fleisch und Nüssen zum erstenmal zu dieser milden, verfeinerten Kost übergingen. Und über das zufällige Sauerwerden des Teiges, das, wie man annimmt, zur Entdeckung des Gärungsprozesses führte, und die verschiedenen Gärungsverfahren, gelangte ich allmählich zu unserem »guten, würzigen, gesunden Brot« – dieser Stütze des Lebens. Die Hefe, vielfach die Seele des Brotes genannt, die wie das Vestalische Feuer gehütet und einst wohl in einer Flasche mit der »Mayflower« herübergebracht wurde, um sich ihrerseits über Amerika auszubreiten, besorgte ich mir regelmäßig und gewissenhaft im Ort, bis ich eines Morgens schließlich alle Regeln vergaß und meine Hefe verbrühen ließ. Dieser Zwischenfall klärte mich, diesmal auf analytischem, nicht auf synthetischem Wege, darüber auf, daß nicht einmal sie unentbehrlich ist, und ich habe seither gerne auf sie verzichtet. Obzwar mir die meisten Hausfrauen ernstlich versicherten, ohne Hefe gebe es kein gutes, bekömmliches Brot, und ältere Leute mir einen schnellen Verfall meiner Körperkräfte voraussagten, befinde ich mich, nachdem ich ein Jahr lang ohne sie auskam, immer noch unter den Lebenden.

Der Mensch ist ein Lebewesen, das sich mehr als alle anderen den verschiedensten Witterungs- und Lebensverhältnissen anpassen kann. Ich tat auch weder Hirschhornsalz noch andere Alkalien in mein Brot, sondern machte es anscheinend so, wie es ein Rezept des Marcius Porcius Cato zweihundert Jahre vor Christi Geburt vorschreibt: »Panem depsticium sic facito. Manus mortariumque bene lavato. Farinam in mortarium indito, aquae paulatim addito, subigitoque pulchre. Ubi bene subegeris, defingito, coquitoque sub testu.« Was ungefähr so zu verstehen ist: »Geknetetes Brot mache man folgendermaßen: Man wasche gut Hände und Trog. Gebe das Mehl in den Trog, füge nach und nach Wasser zu und knete tüchtig. Wenn es gut geknetet ist, forme man es und backe es zugedeckt.« Das heißt in einer Backform. Von Hefe keine Rede. Aber ich machte nicht immer von dieser »Stütze des Lebens« Gebrauch. Es gab eine Zeit, in der ich, meines leeren Geldbeutels wegen, über einen Monat kein Brot zu sehen bekam.

In diesem Land des Roggens und des Maises könnte jeder leicht selbst anbauen, was er zum Brotbacken braucht, und wäre nicht auf entlegene, unsichere Märkte angewiesen. Aber wir sind so weit von jeder Einfachheit und Unabhängigkeit entfernt, daß in Concord frisches Maismehl nur selten erhältlich ist. Gröberes Maismehl und Maisgrieß werden überhaupt kaum verwendet. Der Farmer verfüttert das eigene Getreide gewöhnlich an Rinder und Schweine und kauft sein Mehl für teures Geld im Laden, wo es bestimmt nicht bekömmlicher ist. Ich sah, daß ich bequem ein oder zwei Scheffel Roggen und Mais anbauen konnte, denn Roggen gedeiht im schlechtesten Boden, und Mais erfordert auch nicht gerade den besten. Die Körner konnte ich in einer Handmühle mahlen und war so weder auf Reis noch auf Schweinefleisch angewiesen. Brauchte ich konzentrierten Süßstoff, so konnte ich aus Kürbissen oder aus roten Rüben einen sehr guten Sirup herstellen, wie ich durch einige Experimente entdeckte. Übrigens gestaltete sich die Sache noch einfacher, als ich einige Ahornbäume pflanzte; in der Zeit ihres Heranwachsens konnte ich mir mit weiteren als den oben erwähnten Ersatzmitteln helfen. »Denn«, wie unsere Vorfahren sangen,

> »glauben wir Süßes kosten zu müssen,
> ziehn wir's aus Kürbis, aus Rüben und Nüssen.«

Um schließlich zu Salz, dem gewöhnlichsten aller Gewürze zu kommen, hätte sich eine günstige Gelegenheit geboten, einmal das Meer aufzusuchen. Verzichte ich aber ganz darauf, würde ich wahrscheinlich nur weniger Wasser trinken. Ich habe nie gehört, daß es den Indianern je eingefallen wäre, sich Salz zu verschaffen.

So konnte ich nun alles Handeln und Tauschen vermeiden, was meine Ernährung betraf, und da ich ein Dach über dem Kopf hatte, blieb mir nur noch die Frage der Kleidung und des Heizmaterials. Die Hose, die ich am

Leibe habe, wurde von einer Farmersfamilie verfertigt. Dank dem Himmel, daß sich noch so viel Tugend unter den Menschen findet! Denn ich halte den Abstieg vom Landmann zum Fabrikarbeiter für ebenso bedeutsam und einschneidend wie den vom freien Menschen zum Landarbeiter. Brennmaterial aber ist in einem neuen Lande nur eine Belastung. Hätte ich nicht weiterhin die Möglichkeit, als Pächter zu leben, dann könnte ich mir zu dem gleichen Preis, zu dem das Land, das ich bebaute, verkauft wurde, nämlich für acht Dollar und acht Cent, vierzig Ar Bodens erstehen. Doch wie die Dinge lagen, glaube ich, daß ich als Pachtsiedler den Wert des Landes erhöhte.

Es gibt eine Sorte ungläubiger Menschen, die manchmal die Frage an mich stellen, ob ich denn glaube, von Pflanzenkost allein leben zu können? Um die Sache gleich bei der Wurzel zu packen – denn die Wurzel ist Glaube –, antworte ich gewöhnlich, daß ich von Kistennägeln leben könnte. Wenn sie das nicht begreifen, werden sie auch vieles andere, was ich zu sagen habe, nicht begreifen. Ich meinesteils freue mich, wenn ich von ähnlichen Experimenten höre. So versuchte ein junger Mann vierzehn Tage lang von harten rohen Maiskolben zu leben, wobei er die eigenen Zähne als Mahlsteine benutzte. Das Volk der Eichhörnchen versuchte das gleiche und hatte Erfolg. Solche Versuche sind für die Menschheit von Nutzen, auch wenn ein paar alte Weiber, die zu derlei nicht mehr fähig sind oder ihr Geld in Mühlen angelegt haben, darüber außer sich geraten.

Möbel

Meine Einrichtung, die ich mir zum Teil selbst machte und deren sonstige Kosten ich sorgfältig aufzeichnete, bestand aus einem Bett, einem Tisch, einem Schreibtisch, drei Stühlen, einem Spiegel von siebeneinhalb Zentimeter Durchmesser, einem Kaminständer und einer Feuerzange, einem Kessel, einem Kochtopf, einer Bratpfanne, einem Schöpflöffel, einer Waschschüssel, zwei Messern und Gabeln, drei Tellern, einem Trinkbecher, einem Löffel, einem Sirup- und einem Ölkrug und einer lackierten japanischen Lampe. Es ist wohl niemand so arm, daß er auf einem Kürbis sitzen müßte. Das wäre sehr ungeschickt, denn eine Menge Stühle, wie ich sie besonders gern habe, stehen auf den Dachböden herum und sind um das Fortschaffen zu haben. Möbel! Gott sei Dank, ich kann sitzen und stehen, ohne mich mit einem Möbellager zu umgeben. Wer, außer einem Philosophen, würde sich nicht schämen, seine Möbel, auf einen Karren gepackt, dem Licht des Himmels und den Augen der Menschen ausgesetzt, durch das Land geführt zu sehen – eine armselige Schaustellung leeren Gerümpels? Ich konnte beim Anblick einer solchen Fuhre nie feststellen, ob sie einem sogenannten Reichen oder einem Armen gehörte. Ihr Eigentümer schien mir immer bedauernswert. Und wirklich, je mehr solcher Dinge man besitzt, desto ärmer ist man. Jede Fuhre sieht aus, als enthielte sie den Inhalt eines Dutzends Armeleute-

buden. Und wenn schon *eine* solche Bude Armut bedeutet, dann bedeuten ein Dutzend zwölfmal soviel! Wozu, um Himmels willen, ziehen wir denn aus, als um unsere Einrichtung, unsere *exuviae*, loszuwerden; um schließlich aus dieser Welt in eine andere, neu eingerichtete, zu ziehen und die alte den Flammen zu überlassen? Es ist, als wären alle diese Halbseligkeiten dem Menschen an den Gürtel geschnallt, als könnte er sich nicht durch das unwirtliche Land, in das ihn sein Schicksal verschlagen hat, bewegen, ohne die eigene Falle mitzuschleppen. Glücklich der Fuchs, der seinen Schwanz in der Falle zurückließ! Die Bisamratte nagt sich drei Beine ab, um sich zu befreien. Kein Wunder, daß der Mensch seine Beweglichkeit verloren hat.
Ich kann nur Bedauern empfinden, wenn ich einen netten, wendigen, gutgebauten, fähigen Burschen von seinen »Möbeln« reden höre, und ob sie versichert sind oder nicht. »Aber was soll ich mit meinen Möbeln anfangen?« Mein lustiger Schmetterling hat sich da in einem Spinnennetz verfangen. Ja, sogar bei solchen, die gar keine Möbel zu besitzen scheinen, wird man bei näherem Hinhören feststellen, daß sie in irgendeiner Scheune welche untergestellt haben.
So nebenbei möchte ich bemerken, daß mir meine Vorhänge wenig Auslagen verursachten, denn ich hatte keine Gaffer auszuschließen, außer Sonne und Mond, die ich gerne hereinscheinen ließ. Einmal bot mir eine Dame eine Fußmatte an. Da ich aber in meinem Haus keinen Raum zu schonen hatte, noch drinnen oder draußen Zeit genug, sie auszuschütteln, lehnte ich dankend ab und zog es vor, meine Schuhe

auf dem Rasen vor der Tür abzuputzen. Es ist das beste, das Übel gleich von Anfang an zu vermeiden. Vor kurzem wohnte ich der Versteigerung der Habe eines Geistlichen bei, der zu seinen Lebzeiten nichts weniger als ein Habenichts war.

»Was Menschen Übles tun, das überlebt sie.«

Wie gewöhnlich war das meiste unnützer Kram, der sich schon zu seines Vaters Tagen anzuhäufen begonnen hatte. Unter anderem befand sich darunter ein getrockneter Bandwurm. Und nachdem das ganze Zeug ein halbes Jahrhundert auf dem Boden und in anderen Staubwinkeln herumgelegen war, wurde es nicht verbrannt und in einem *Freudenfeuer* seiner reinigenden Vernichtung zugeführt, sondern in einer *Auktion* einem Zuwachs. Neugierig hatten sich die Nachbarn versammelt, um sich alles anzuschauen, zu kaufen und es behutsam auf ihre Böden und Speicher zu tragen, wo es liegen blieb, bis auch ihr Nachlaß einmal geregelt wird und das Theater von vorne beginnt. Wenn der Mensch stirbt, wirbelt er Staub auf.
Es wäre manchmal für uns nicht unvorteilhaft, die Bräuche wilder Völker nachzuahmen, denn sie unterziehen sich wenigstens symbolisch einer alljährlichen Häutung. Sie haben sich wenigstens den Gedanken davon erhalten, ob sie ihn nun in die Tat umsetzen oder nicht. Wäre es nicht gut, wenn auch wir eine solche »Reinigung« wie das »Fest der Früchte« feiern würden, das Bartram als einen Brauch der Mucclasse-Indianer beschreibt?

»Wenn ein Dorf die Reinigung feiert«, sagt er, »stattet es sich vorher mit neuen Kleidern, neuem Kochgeschirr und anderen Haushalts- und Einrichtungsgegenständen aus. Dann werden alle abgetragenen Kleider und andere verschmutzte Sachen gesammelt, die Häuser gekehrt, Plätze und Gassen gereinigt, aller Unrat, darunter auch das verbliebene Getreide und andere Nahrungsmittelreste, auf einen Haufen zusammengetragen und angezündet. Und wenn alle Dorfbewohner Medizin genommen und drei Tage lang gefastet haben, werden die Feuer im Ort gelöscht. Während der Fasttage darf weder der Appetit noch irgendeine Leidenschaft gestillt werden. Danach wird eine allgemeine Amnestie ausgerufen. Alle Übeltäter dürfen ins Dorf zurückkehren. Am Morgen des vierten Tages entzündet der Oberpriester, indem er trockenes Holz aneinanderreibt, auf dem Hauptplatz ein neues Feuer, das alle Einwohner mit der neuen, reinen Flamme versorgt. Dann werden frischer Mais und andere Früchte genossen und drei Tage lang gesungen und getanzt. In den nächsten vier Tagen werden Besuche empfangen und gemeinsam mit den Freunden der benachbarten Dörfer, die sich in ähnlicher Weise gereinigt haben, gefeiert.«

Auch die Mexikaner beschlossen in dem Glauben, das Weltende sei an der Zeit, jedes zweiundfünfzigste Jahr mit einem ähnlichen Reinigungsfest.

Ich habe selten von einem tieferen Ritual gehört, von einem Ritual, wie es im Lexikon als »das sichtbare, äußere Zeichen einer inneren, geistigen Gnade« bezeichnet wird, und ich zweifle nicht, daß diese Wilden direkt vom Himmel dazu inspiriert wurden, wenn sie auch keine Niederschrift der Offenbarung besitzen.

Wohltätigkeit

Mehr als fünf Jahre habe ich mich in dieser Form nur durch die Arbeit meiner Hände erhalten, und ich fand, daß ungefähr sechs Wochen Arbeit im Jahr genügten, um alle meine Ausgaben zu bestreiten. Den ganzen Winter und den größten Teil des Sommers konnte ich frei und ungehindert meinen Studien nachgehen. Mit der Schulmeisterei hatte ich es auch gründlich versucht, doch waren in jener Zeit meine Ausgaben im Verhältnis oder vielmehr nicht im Verhältnis zu meinen Einnahmen gestanden. Denn ich war nicht nur gezwungen gewesen, mich entsprechend zu kleiden und vorzubereiten, sondern auch entsprechend zu denken, und büßte obendrein meine Zeit ab. Da ich nicht zum Wohl meiner Mitmenschen, sondern lediglich zum Broterwerb unterrichtete, wurde es ein Mißerfolg.

Ich habe es auch mit dem Handel versucht, aber ich kam bald dahinter, daß ich zehn Jahre brauchen würde, um einigermaßen meinen Weg zu machen, dann aber höchstwahrscheinlich auf dem Wege zum Teufel wäre. Ich fürchtete tatsächlich, ich könnte es in dieser Zeit so weit bringen, sogenannte »gute Geschäfte« zu machen. Als ich begann, mich um einen

Lebensunterhalt umzusehen, dachte ich oft ernstlich daran, Blaubeeren zu pflücken; einige unangenehme Erfahrungen, die mir das Befolgen von Ratschlägen meiner Freunde eingebracht hatten, waren noch zu frisch in meinem Gedächtnis, um nicht meine Findigkeit zu wecken. Das Beerenpflücken war etwas, das ich konnte, und der geringe Ertrag daraus hätte mir genügt. Denn mein größtes Talent war immer meine Genügsamkeit gewesen. Törichterweise dachte ich, es erfordere wenig Kapital und wenig Ablenkung von meinen gewohnten Zerstreuungen. Während sich meine Bekannten unbedenklich dem Handel und anderen Berufen zuwandten, erwog ich diese Beschäftigung mit dem gleichen Ernst wie sie die ihre: den ganzen Sommer die Hügel durchstreifen, sorglos Beeren zu pflücken und sie dann an den Mann zu bringen, um auf solche Art die Herden des Königs Admetos zu hüten. Ich träumte auch davon, Kräuter zu sammeln oder Dorfbewohner, die gern an den Wald erinnert wurden, mit Immergrün zu versorgen, ja es per Heuwagen in die Stadt zu transportieren. Doch habe ich seither die Erfahrung gemacht, daß der Handel allem zum Fluch wird, womit er in Berührung kommt, selbst dann, wenn man mit Botschaften des Himmels handelt.

Da ich für gewisse Dinge eine Vorliebe besaß und mir besonders an meiner Freiheit lag, ich ein hartes Leben führen und doch glücklich sein konnte, wollte ich meine Zeit nicht darauf verschwenden, mir wertvolle Teppiche oder andere elegante Einrichtungsgegenstände, gutes Essen oder ein Haus im griechischen oder gotischen Stil zu erwerben. Allen, denen die Anschaffung solcher Dinge keinen Zeitverlust bedeudet und die damit etwas anzufangen wissen, seien sie von Herzen gegönnt. Manche Menschen sind fleißig und scheinen die Arbeit um ihrer selbst willen zu lieben oder auch weil sie sie vor Schlimmerem bewahrt; jenen habe ich im Augenblick nichts zu sagen. Und jenen, die mit mehr Muße, als ihnen zur Verfügung steht, nichts anzufangen wüßten, kann ich nur raten, doppelt soviel zu arbeiten. So lange, bis sie sich losgekauft haben und ihren Freibrief besitzen. Ich für mein Teil hielt die Beschäftigung eines Taglöhners für die unabhängigste von allen, besonders, da ich nur dreißig bis vierzig Tage im Jahr arbeiten mußte, um leben zu können. Die Arbeit des Taglöhners geht mit Sonnenuntergang zu Ende. Dann steht es ihm frei, sich seinen Neigungen hinzugeben. Seinem Arbeitgeber hingegen, der von einem Monat auf den anderen spekuliert, ist jahrein, jahraus keine Erholung vergönnt.

Kurz, ich glaube nicht nur, sondern weiß auch aus Erfahrung, daß es nicht qualvoll, sondern kurzweilig ist, sich auf dieser Erde zu behaupten, wenn man nur den Willen hat, einfach und weise zu leben. Wie ja auch die Beschäftigungen der primitiveren Völker stets noch von den kultivierteren als Sport betrieben werden. Es ist durchaus nicht nötig, daß der Mensch seinen Lebensunterhalt im Schweiße seines Angesichts verdient, es sei denn er schwitzt leichter als ich.

Ein junger Mann meines Bekanntenkreises, der ein paar Hektar Land geerbt hatte, erklärte mir, er würde gerne leben wie ich, »wenn er die Mittel dazu hätte«!

Aber ich möchte unter keinen Umständen, daß sich irgend jemand zu *meiner* Lebensweise bekehre. Denn abgesehen davon, daß, bevor er sie halbwegs erlernt hat, vielleicht ich für mich selbst eine andere entdeckt habe, möchte ich, daß so viele verschiedene Menschen als möglich auf dieser Welt leben. Ich möchte, daß jeder möglichst gewissenhaft *seinen eigenen* Weg finde und gehe, und nicht den seines Vaters, seiner Mutter oder gar den seines Nachbarn. Mag der junge Mann Baumeister, Landwirt oder Seemann werden – bloß hindere man ihn nicht, das zu werden, was er selbst werden möchte! Unsere Weisheit ist nichts anderes als ein mathematischer Punkt, nach dem wir uns richten, so wie der Seemann den Polarstern im Auge behält. Das aber genügt als Richtschnur fürs Leben. Wir würden unseren Hafen vielleicht nicht innerhalb einer bestimmten Zeit erreichen, aber wir würden uns auf dem richtigen Kurs befinden.

Zweifellos ist in diesem Fall, was für den einzelnen richtig ist, für Tausende noch viel richtiger, so wie sich ja auch ein großes Haus im Verhältnis nicht teurer stellt als ein kleines, da nur ein Dach darüber, ein Keller darunter liegt und eine Wand verschiedene Zimmer trennt. Außerdem wird es gewöhnlich auch billiger sein, das Ganze selbst zu bauen, als einen anderen vom Vorteil einer gemeinsamen Wand zu überzeugen. Und selbst wenn das gelänge, dann müßte die gemeinsame Trennwand sehr dünn sein, um billiger zu kommen; auch könnte sich der Nachbar als übler Geselle erweisen und obendrein seine Seite nicht instandhalten. Ich für meinen Teil zog es jedenfalls vor, allein zu hausen.

Zusammenarbeit ist gewöhnlich nur in äußerst begrenztem und oberflächlichem Maße möglich; das bißchen wirkliche Übereinstimmung, das es unter Menschen gibt, pflegt sich in stiller Eintracht zu vollziehen und wird in der Regel nicht wahrgenommen. Hat ein Mensch Vertrauen, so wird er bei jeder Gemeinschaftsarbeit das gleiche Vertrauen an den Tag legen; hat er keines, dann wird er wie alle übrige Welt weiterleben, gleichgültig, wem er sich angeschlossen hat. Sich zusammenschließen, im höchsten wie im niedrigsten Sinne, bedeutet: gemeinsam sein Brot verdienen.
Ich hörte erst kürzlich von der Absicht zweier junger Männer, zusammen eine Weltreise zu machen. Der eine war mittellos und wollte sich sein Geld auf dem Schiff und hinter dem Pflug verdienen. Der andere wollte mit einem Scheck in der Tasche fahren. Es war auf den ersten Blick zu erkennen, daß die beiden nicht lange zusammenbleiben, sondern sich bei der ersten ernsteren Krise trennen würden. Vor allem aber kann derjenige, der allein ist, bereits heute abreisen; wer aber mit einem anderen reist, muß warten, bis dieser so weit ist – und das kann unter Umständen sehr lange dauern.

»Das alles ist aber doch sehr egoistisch«, wendete einer meiner Landsleute ein. Ich muß ehrlich sagen, daß ich mich bisher nur wenig auf philanthropischem Gebiet betätigt habe. Ich habe meinem Pflichtgefühl einiges geopfert, darunter auch diesen Genuß. Es gab Leute, die alle ihre Überredungskunst aufboten, um mich zu bewegen, eine der armen Familien des Ortes zu unterstützen. Da ich nichts zu tun hätte – denn Müßiggang sei aller Laster Anfang –, könnte ich mir doch einmal damit die Zeit vertreiben! Als ich jedoch bereit war, ihrem Wunsch zu willfahren und ihrem Seelenheil zuliebe einigen armen Leuten das Leben in jeder Hinsicht so angenehm zu machen wie mir selbst, ja sogar so weit ging, ihnen das anzubieten, zogen sie es alle ohne Ausnahme und ohne Zögern vor, arm zu bleiben. Solange sich meine Mitbürger und Mitbürgerinnen alle so ausgiebig dem Wohle ihrer Nächsten widmen, glaube ich, daß es wenigstens einem erlaubt sein dürfte, sich mit den übrigen, weniger mildtätigen Aufgaben zu beschäftigen. Für Wohltätigkeit muß man genau wie für alles andere eine Begabung mitbringen; Gutes tun ist indes eine jener Professionen, die zur Zeit überfüllt sind. Doch liegt es mir fern, mich zwischen einen Menschen und seine Berufung zu drängen. Dem aber, der diese Tätigkeit, die ich für mich persönlich ablehne, mit ganzem Herzen und ganzer Seele ausübt, möchte ich zurufen: Halte durch, auch wenn die Welt dein Werk in den Schmutz zieht, was sie höchstwahrscheinlich tun wird.

Ich bin weit davon entfernt, meinen Fall als einen Sonderfall zu betrachten, und überzeugt, daß viele meiner Leser sich in ähnlicher Weise rechtfertigen würden wie ich. Wenn es darum geht, etwas zu tun, so kann ich ohne Umschweife behaupten, daß ich ein kapitaler Bursche bin, doch das zu beurteilen überlasse ich meinem Arbeitgeber. Was ich *Gutes* tue, im üblichen Sinne des Wortes, sollte ganz unbeabsich-

tigt und abseits von meinem eigentlichen Lebensweg geschehen.
Die Menschen sagen gewöhnlich: Fange an, wo du bist und wie du bist, strebe nicht zu hoch hinaus und vollbringe deine guten Taten mit vorbedachter Güte. Wenn es mir überhaupt läge, derlei zu predigen, würde ich viel eher sagen: Fange damit an, gut zu *sein*! Als würde die Sonne plötzlich haltmachen, nachdem sie mit ihrem Feuer den Mond oder einen Stern sechster Größe zu vollem Glanz entfacht hat, und wie ein neckischer Kobold herumspazieren, in jedes Hüttenfenster gucken, Mondsüchtige anlocken und die Dunkelheit erhellen, anstatt ihre wohltuende Wärme stetig zu vermehren, bis sie eine solche Pracht entfaltet, daß kein Sterblicher ihr ins Antlitz schauen kann!
Nichts hat einen so schlechten Beigeschmack wie falsche Güte. Sie ist anrüchig für den Menschen wie für Gott. Wenn ich mit Bestimmtheit wüßte, daß jemand in der bewußten Absicht zu mir kommt, mir Gutes zu tun, ich würde aus Angst, etwas von diesem Virus könnte sich meinem Blut mitteilen, davonlaufen wie vor dem Samum, dem heißen, trockenen Wind der afrikanischen Wüsten, der Mund, Nase, Ohren und Augen mit Sand füllt, bis man an ihm erstickt. Nein, lieber würde ich das Böse hinnehmen, so wie es ist. In meinen Augen ist ein Mann noch nicht gut, weil er mir zu essen gibt, wenn ich hungrig bin, mich wärmt, wenn ich friere, oder mich aus dem Graben zieht, falls ich in einen hineinfallen sollte (ich kenne einen Neufundländer, der das gleiche täte). Was sollen uns Hunderte solcher Wohltäter, wenn sie uns nicht in unserer

besten Zeit helfen können, in der wir Hilfe am meisten verdienen? Ich habe nie von irgendeiner Wohltätigkeitsveranstaltung gehört, auf der jemand vorgeschlagen hätte, mir oder meinesgleichen etwas Gutes zu tun.

Die Jesuiten waren von den Indianern, die auch am Marterpfahl noch ihren Peinigern neue Foltermethoden vorschlugen, schwer enttäuscht. Da die Indianer aber gegen physische Schmerzen unempfindlich waren, konnte es leicht vorkommen, daß sie auch über die Tröstungen erhaben waren, die ihnen die Missionare anzubieten hatten. Und die Regel, so zu handeln, wie man selbst gerne behandelt werden möchte, fand bei ihnen, denen es gleichgültig war, wie man mit ihnen verfuhr, taube Ohren. Sie liebten ihre Feinde auf neue Art und waren nahe daran, alles, was sie ihnen antaten, bereitwillig zu vergeben.

Sei dessen sicher, daß du den Armen auch wirklich die Hilfe gibst, deren sie am nötigsten bedürfen, denn es mag dein Beispiel sein, das den Abstand zwischen dir und ihnen vergrößert! Gibst du Geld, dann verschenke dich selbst damit, wirf es ihnen nicht einfach hin. Wir begehen manchmal sonderbare Irrtümer. Oft ist der Arme weniger hungrig und erfroren, als schmutzig, zerlumpt und roh. Es ist zum Teil sein Geschmack, nicht nur sein Unglück. Wenn man ihm Geld gibt, schafft er sich damit vielleicht nur noch mehr Lumpen an. Ich bedauerte gewöhnlich die vierschrötigen irischen Arbeiter, die in ihrem ärmlichen, zerlumpten Aufzug das Eis auf dem See schnitten, während ich in meinen ordentlichen, etwas eleganteren Kleidern fror.

Bis einmal einer an einem bitterkalten Tag ins Wasser fiel und in mein Haus kam, um sich aufzuwärmen. Da sah ich, daß er drei Hosen und zwei Paar Strümpfe ablegte, ehe seine Haut zum Vorschein kam. Sie waren freilich schmutzig und zerrissen genug, doch auf die *Überkleider*, die ich ihm anbot, konnte er verzichten, wo er so viele *Unterkleider* besaß. Das unfreiwillige Bad war gerade das, dessen er dringend bedurft hatte. Danach begann ich mich selbst zu bedauern und einzusehen, daß es eine größere Wohltat wäre, mich mit einem Flanellhemd zu bedenken als ihn mit einem ganzen Konfektionsladen.

Es kommen tausend, die an den Ästen des Übels hacken, auf einen, der die Wurzel trifft, und vielleicht bewirkt gerade der, der das meiste Geld und die meiste Zeit für die Armen hergibt, durch seine Lebensweise das Elend, das er vergeblich zu lindern strebt. Er ist wie der fromme Sklavenhälter, der von dem Profit jedes zehnten Sklaven allen übrigen einen freien Sonntag erkauft. Manche beweisen ihre Menschenfreundlichkeit damit, daß sie arme Leute in ihrer Küche beschäftigen. Wäre es nicht menschenfreundlicher von ihnen, wenn sie sich selbst dort beschäftigen wollten? Da prahlt einer, daß er ein Zehntel seines Einkommens für wohltätige Zwecke ausgibt. Er sollte neun Zehntel dafür ausgeben. Denn so erhält die Gesellschaft nur den zehnten Teil des Vermögens zurück. Hat sie das dem Edelmut des jeweiligen Besitzers zu verdanken oder der Nachlässigkeit der Verwalter der Gerechtigkeit?

Ich möchte das Verdienst, das der Wohltätigkeit im

allgemeinen zukommt, keineswegs schmälern, nur verlange ich Gerechtigkeit für alle, die durch ihr Leben und ihre Werke der Menschheit zum Segen gereichen. Es ist nicht die Anständigkeit und Gutherzigkeit, die ich an einem Menschen am meisten schätze, sie sind für mich nur sein Stamm und seine Blätter. Jene Pflanzen, aus deren getrockneten Blättern wir Tee für die Kranken bereiten, dienen bloß einem niederen Zweck. Ich verlange nach der Blüte und Frucht eines Menschen, liebe es, wenn ein gewisser Duft von ihm auf mich überströmt, eine gewisse Reife unseren Gedankenaustausch würzt. Seine Güte soll nicht ein besonderer, vorübergehender Akt, sondern ein beständiges Überfließen sein, das ihn nichts kostet und dessen er sich nicht bewußt ist. Das ist eine Mildtätigkeit, die ein ganzes Heer von Sünden aufwiegt. Der Philanthrop umgibt seine Mitmenschen nur zu oft mit der Erinnerung an seinen eigenen überwundenen Kummer wie mit einem Dunstkreis und nennt das Anteilnahme. Aber wir sollten unsere Mitmenschen an unserem Mut teilnehmen lassen, nicht an unserer Verzweiflung, an unserer Gesundheit und unserem Wohlbefinden, nicht an unserer Krankheit, die weiterzuverbreiten wir lieber vermeiden sollten.

Ich glaube, es ist nicht die Anteilnahme an den Leiden seiner Mitmenschen, was den Reformer so unglücklich macht, es ist sein persönlicher Kummer, auch bei dem frömmsten der Erdenbewohner. Ist der einmal überwunden, der Frühling zurückgekehrt, und zieht der Morgen über seinem Lager herauf, wird er seinen edelmütigen Freunden ohne jeden Vorwand den Rükken drehen. Solltest du dich aber je zu einer wohltätigen Handlung hinreißen lassen, dann achte darauf, daß die Linke nicht weiß, was die Rechte tut, denn das zu wissen lohnt sich nicht. Ziehe den Ertrinkenden aus dem Wasser, binde deine Schuhriemen und gehe gelassen weiter.

Der Umgang mit den Heiligen hat unsere Sitten verdorben. Unsere Gesangsbücher hallen von melodiösen Lästerungen Gottes wider und dem Versprechen, ihn ewig erdulden zu wollen. Selbst die Propheten und Erlöser, könnte man sagen, haben die Menschheit mehr in ihren Sorgen getröstet als in ihren Hoffnungen bestärkt. Nirgends findet sich der Ausdruck einer einfachen, unbezähmbaren Freude über das Geschenk des Lebens oder einer denkwürdigen Lobpreisung Gottes.

Alles Gesunde und alles Gelingen tut mir wohl, wie weit entfernt und abseits es auch sein mag. Alles Ungesunde und Mißlingen dagegen stimmt mich traurig und bekommt mir schlecht, mag es noch so viel Mitgefühl mit mir oder ich mit ihm haben. Wenn wir die Menschheit tatsächlich mit echt indischen, botanischen, magnetischen oder anderen natürlichen Mitteln wiederherstellen wollen, dann laßt uns doch erst einmal so einfach und gut wie die Natur selber sein, die Wolken verjagen, die unsere eigene Stirne verdüstern, und mit unseren Poren ein wenig Leben atmen. Begnügen wir uns nicht damit, Armenwärter zu spielen, sondern streben wir danach, einer der Würdigsten der Welt zu werden.

Im »Gulistan« oder »Rosengarten« des Scheichs Saadi

von Schiras wird ein Weiser gefragt: »Von den vielen gepriesenen Bäumen, die der Allmächtige so hoch und schattig geschaffen hat, wird keiner *azad* oder frei genannt. Nur die Zypresse, die keine Früchte trägt. Welches Geheimnis verbirgt sich dahinter?« Der Weise antwortet: »Jeder Baum trägt die ihm angemessenen Früchte, jeder hat seine Zeit, in der er blüht und welkt. Die Zypresse ist keinem von beiden unterworfen. Sie blüht immer. Und von ihrer Art sind die Azads, die religiös Unabhängigen. Hänge dein Herz nicht an das Vergängliche: denn der Dijlah oder Tigris wird noch durch Bagdad fließen, wenn das Geschlecht der Kalifen erloschen ist. Hat deine Hand reichlich, sei freigebig wie der Dattelbaum. Ergibt es sich aber, daß du nichts zu verschenken hast, sei ein Azad, ein Mann, frei wie die Zypresse.«

Über die Freundschaft

Während wir fern von jenen Wassern treiben, an denen Ufern unsere Freunde und Verwandten zurückgeblieben sind, beschäftigen wir uns in Gedanken noch immer mit ihnen, denn gleiches Blut verbindet uns – und es gibt edleres Blut als jenes, dessen Gesetze Lavoisier entdeckt hat: Blut nicht nur der Verwandtschaft, sondern auch der Sympathie, dessen Puls immer und überall schlägt. Nach Jahren schalgewordener Vertrautheit spricht in unserer Erinnerung irgendeine längst vergessene Gebärde oder eine unwillkürliche Haltung des Körpers nachdrücklicher als die weisesten und gütigsten Worte. Zuweilen werden wir eine Freundlichkeit gewahr, die uns einst vor vielen Jahren erwiesen wurde, und bemerken, daß es Zeiten gab, in denen die Gedanken unserer Freunde über uns so rein und leicht waren, daß sie wie die Winde des Himmels unbemerkt über uns hinwegstrichen. Das war damals, als sie uns nicht nach dem bewerteten, was wir waren, sondern nach dem, was wir erstrebten. Vielleicht wird uns jetzt erst der Adel solch unvergeßlichen Verhaltens bewußt, und wir schaudern beim Gedanken, wie kalt es uns damals ließ, obwohl wir in später Erkenntnis die Beschämung abzuschütteln suchen.

Erfahrungsgemäß sind Personen der trockenste und nichtigste Unterhaltungsgegenstand, selbst wenn es sich um einen Freund handelt. Das Weltall bleibt uns stumm, wenn wir den Charakter einzelner Menschen erörtern. Unser Gespräch läuft ganz und gar auf üble

Nachrede hinaus, und je weiter wir gehen, um so enger wird unser Gebiet. Woher rührt es wohl, daß wir uns alle versucht fühlen, unsere alten Freunde schlecht zu behandeln, sobald wir neue erworben haben? »Hab' ich neues Geschirr im Haus, werf' ich das alte zum Fenster hinaus«, sagt da mancher.
So laßt uns lieber von den Bäumen des Waldes reden, unserer Freunde wollen wir besser nur im geheimen gedenken!
Freundschaft verflüchtigt sich, wie jedermann erfährt, und haftet in der Erinnerung wie Wetterleuchten verflossener Sommer. Sie ist schön und vergänglich wie eine Sommerwolke (denn etwas Dunst ist immer in der Luft, kommen doch selbst richtige Aprilschauer vor). Zuweilen wird sie uns wieder gegenwärtig, denn ihre Spuren verschwinden nie. Sie erscheint wie das Wachstum in so vielen Organismen, welches, einem unveränderlichen Gesetze folgend, zwar niemals die gleiche Form zum zweiten Male hervorbringt, aber doch in ihrem Wesen ewig dasselbe ist – uralt und uns vertraut wie Sonne und Mond, und ebenso sicher wiederkehrend wie sie.
Das Herz aber bleibt immer unerfahren. Diese nie fehlenden, nie ganz täuschenden Traumbilder ziehen sich schweigend, von magischer Kraft getrieben, zusammen wie die hellen und flockigen Wolken an ganz ruhigen und klaren Tagen.
Der Freund gleicht einer herrlichen, in der Ferne auftauchenden Palmeninsel, wie sie den Seemann im Stillen Ozean narrt. Vielen Gefahren ist er ausgesetzt, Stürme und Hindernisse muß er überwinden, ehe er

ruhige Fahrt genießt. Aber wer möchte nicht durch die wütenden Wogen selbst der atlantischen Gewässer fahren, um die sagenhaften Küsten einer neuen Welt zu erreichen? Columbus segelte, seinem Kompass folgend, in westlicher Richtung an jenen Gestaden vorbei, und weder er noch seine Nachfolger haben sie je gefunden.

Wir sind nicht weiter als Platon. Wen ein aufrichtiges Verlangen und ein Herz voll Hoffnung auf die Suche treibt nach dieser neuen Welt, der ist immer seiner Zeit voraus, und unbeirrt durch die Menge, verfolgt er geradeaus seinen Weg.

Wandeln wir nicht dahin wie zwischen den Säulen Palmyras in der Wüste?

Die Freundschaft hat auf Erden keinerlei Regeln; von keiner Religion wird sie gelehrt, keine Bibel enthält ihre Grundsätze. Sie besitzt keine Tempel, nicht einmal eine einzelne Säule. Gerüchte verkünden, daß das Land bewohnt ist, aber der schiffbrüchige Seefahrer sieht keine Fußspuren im Sande. Beim Suchen findet er nur Tonscherben und Denkmäler einstiger Bewohner.

Wir sind nun einmal Wesen, die in Gemeinschaft leben. Unser Ziel ist das gleiche. Wenn aber das Gewebe unserer Bestimmung gewebt ist, nimmt es das Schicksal in die Hände und walkt es durch, und wir finden uns inmitten der Bedrängnisse des Lebens. So sucht der Mensch, selbst wenn er von sich aus nicht danach begehrte, von der Natur getrieben, Verbündete, wie sein Handeln uns zeigt. Daher fühlen wir uns versucht, auf die Ähnlichkeit und nicht auf die Verschiedenheit Gewicht zu legen.

Von Zeit zu Zeit kommen diese und jene zu mir, wo ihnen die geringe Möglichkeit eines Gespräches winkt. Schweigend und in Gedanken versunken warten sie auf mein Plektron, das die Seiten ihrer Lyra zum Schwingen bringen soll. Ach, daß wir doch je einen ganzen Satz sprächen oder zu hören bekämen, wie sie ihn erträumen!

Sie sprechen leise und drängen sich nicht auf. Sie haben Kunde von Dingen, die niemand, auch sie nicht, mitzuteilen vermag.

Sie tragen einen Reichtum in sich, der auf die verschiedenste Weise ausgegeben werden kann. Was suchen sie gerade hier?

Kein Wort ist häufiger auf Menschenlippen als das Wort Freundschaft, und kein Gedanke menschlicher Sehnsucht vertrauter. Jeder träumt von ihr und ihr Schauspiel, das immer ein Trauerspiel ist, wird täglich aufgeführt. Sie ist das Geheimnis des Weltalls. Um sie geht alles Sinnen, wenn auch niemand von ihr spricht, gleichgültig, ob in der Stadt oder auf dem Lande. Sie beeinflußt unser Verhalten gegen neue und selbst gegen alte Bekannte. Und dennoch erinnere ich mich nur zweier oder dreier Abhandlungen über diesen Gegenstand in der gesamten Literatur. Was Wunder, daß die Mythologie, Tausendundeine Nacht, Shakespeare und Scotts Romane uns unterhalten – sind wir doch selbst Dichter und Fabulierer. Unaufhörlich spielen wir eine Rolle in einem Schauspiel, das anziehender ist als alle, die je geschrieben worden sind. Wir bilden uns ein, daß unsere Freunde unsere Freunde, und daß wir unserer Freunde Freunde seien.

Unsere tatsächlichen Freunde sind nur entfernte Verwandte, denen wir uns in Wahrheit verbunden wissen. Niemals wechseln wir mehr als drei Worte mit einem Freunde, der sich auf der Höhe halten will, auf der wir uns im Geiste stets bewegen. Wir wollen sagen »Bester Freund!« und unser Gruß lautet: »Hol' dich der Kuckuck!« Doch lassen wir uns dadurch nicht entmutigen! Noch nie gewann ein zages Herz einen echten Freund. O mein Freund, möge es einmal dahin kommen, daß, wenn du mein Freund bist, ich auch der deinige sei!

Was nutzt die beste Befähigung zur Freundschaft, wenn der Freundschaft keine eigene Zeit geweiht wird, wenn sie immer nur nichtigen Dingen und Werken dient? Freundschaft soll das erste und das letzte sein.

Aber es ist ebenso unmöglich, unsere Freunde zu vergessen, wie zu verlangen, daß sie unserem Ideal entsprechen. Wenn sie scheiden, dann erst beginnen wir bei ihnen zu sein. Wie oft wenden wir uns von unseren tatsächlichen Freunden ab, um ihre erträumten Vettern zu suchen. Wie gerne wäre ich wert, irgend jemandes Freund zu sein!

Was man gewöhnlich mit dem Namen Freundschaft beehrt, ist weder ein sehr tiefes noch ein sehr mächtiges Gefühl. Im Grunde lieben die Menschen ihre Freunde nicht allzusehr.

Mir ist es noch nicht oft begegnet, daß Bauern aus gegenseitiger Freundschaft zu Sehern und Propheten geworden wären, die bis an die Grenze der Vernunft entrückt sind. Ihre Zusammenkünfte werden selten durch Liebe verklärt und gehoben. Ich kann nicht finden, daß sie durch die Liebe zu einem Menschen geläutert, veredelt und begeistert werden. Wenn man jemanden einen niedrigeren Holzpreis macht, oder einem Nachbarn seine Stimme bei einer Wahl, oder eine Tonne Äpfel gibt, oder häufig seinen Wagen leiht, so gilt das schon als ein seltener Freundschaftsbeweis. Ebensowenig pflegen Bauernweiber ihr Leben der Freundschaft zu weihen. Mir ist kein Freundespaar unter Bauern beiderlei Geschlechts bekannt. Die Geschichte berichtet höchstens von zwei oder drei Beispielen. Wenn man sagt, daß jemand dein Freund ist, so besagt es gewöhnlich nicht mehr, als daß er nicht dein Feind ist. Die meisten fassen nur die unwesentlichen und geringfügigen Vorteile ins Auge, die mit der Freundschaft verbunden sind, und überlegen sich, wie ihnen der Freund in der Zeit der Not durch seine Mittel, seinen Einfluß oder seinen Rat von Nutzen sein könnte. Aber wer hierbei an solche Vorteile denkt, zeigt, daß er gegen die wirklichen Segnungen blind ist, oder sie noch nicht kennengelernt hat. Derartige Dienstleistungen sind von beschränktem und untergeordnetem Wert, verglichen mit dem ständigen und allumfassenden Dienst, in dem das Wesen der Freundschaft besteht.

Selbst der beste Wille, Übereinstimmung der Gedanken sowie werktägige Güte reichen zur Freundschaft nicht aus, denn Freunde leben nicht nur, wie einige meinen, in Harmonie, sondern in Melodie zusammen. Wir wünschen uns einen Freund, nicht damit er unseren Körper nähre und kleide – so viel Güte erzeigen uns auch unsere Nachbarn –, sondern damit er solches unserem Geist angedeihen lasse. Aber hierzu sind nur wenige reich genug, so guten Willens sie auch sein mögen.

Man bedenke die Wichtigkeit der Freundschaft in der Erziehung der Menschheit! Sie macht den Menschen ehrlich, sie will ihn zu einem Helden, zu einem Heiligen machen. Sie ist der Zustand, in dem der Gerechte umgeht mit dem Gerechten, der Hochherzige mit dem Hochherzigen, der Aufrichtige mit dem Aufrichtigen, der Mensch mit dem Menschen. »Deshalb zählt die Liebe nicht zu den Tugenden, weil sie aller Tugenden Inbegriff ist.«

Alle Mißbräuche, um deren Abstellung sich Philanthropen, Staatsmänner und Familienväter bemühen, werden im freundschaftlichen Verkehr unbewußt abgeschafft. Ein Freund denkt so hoch von uns, daß er uns stets im Besitze aller Tugenden wähnt und sie an uns zu würdigen versteht. Es gehören zwei dazu, um die Wahrheit zu sagen – einer, der sie sagt, und ein anderer, der sie hört. Zu welchem Zwecke soll man Holz und Stein großherzig behandeln? – Hätten wir es nur mit Falschen und Unehrlichen zu tun, so würden wir es schließlich verlernen, die Wahrheit zu sagen. Bei unserem alltäglichen Umgang mit den Menschen müssen unsere edleren Fähigkeiten schlummern und rosten. Niemand erwartet von uns edle Gesinnungen. Wir bitten unseren Nachbarn, er möge uns erlauben, daß wir ihn als wahren, aufrichtigen und edlen Menschen betrachten. Seine Taubheit schenkt unserer Bitte kein Gehör. Er vernimmt unser Verlangen überhaupt

nicht. Er sagt einfach: »Ich bin's ganz zufrieden, wenn du mich für nichts Besseres nimmst, als ich bin« – als betrügerisch, gemein, unehrlich und selbstisch. Meistens begnügen wir uns damit, andere so zu behandeln und auch so behandelt zu werden, glauben auch gar nicht, daß für die Menge ein besseres oder edleres Verhältnis möglich sei. Häufig genug hat jemand sogenannte gute Nachbarn und Bekanntschaften, selbst Kameraden, Brüder, Schwestern und Kinder, die alle nur in dieser Art zueinander stehen. Der Staat verlangt keine vollkommene Gerechtigkeit von seinen Gliedern, sondern ist der Meinung, daß er mit einem Bruchteil davon – kaum mehr, als Schurken besitzen – auskommt, und innerhalb der Familien und im Verhältnis der Nachbarn herrscht dieselbe Auffassung.
Was man gewöhnlich Freundschaft nennt, ist nur ein größerer Grad von Ehrgefühl unter Bösewichten.
Man sagt wohl manchmal, daß wir einander lieben müssen, das heißt, daß wir in wahrer Verwandtschaft zueinanderstehen und jeder dem andern das Beste gibt und von ihm auch das Beste empfängt. Wo eine herzliche Aufrichtigkeit besteht, waltet auch die Liebe, und in dem Maße, wie wir einander aufrichtig und vertrauensvoll entgegenkommen, wird unser Leben wunderbar vergöttlicht und entspricht unserem Ideal. Es gibt in unserem Verkehr mit irdischen Menschen Zeiten, wo eine Zuneigung uns erfüllt, die wir nie auch nur im Traume für möglich gehalten hätten; sie verklärt unser irdisches Leben und gibt einen Vorgeschmack des Himmels.
Was ist das für eine Liebe, die selbst im prosaischsten

Flecken sich zeigt und uns den Göttern gleich macht, eine Liebe, die eine unbekannte Welt erschließt, schön, glänzend, unendlich, und die alte Welt verdrängt, während für den gewöhnlichen Sterblichen das Weltall grau wie Staub erscheint? Wo ist diese Welt, die uns so unerreichbar oder unauffindbar dünkt? Welche anderen Worte, möchte man fast fragen, sind wichtig und wert, ausgesprochen zu werden, außer jenen, welche die Liebe eingab? Wie wunderbar, daß sie einmal erklungen sind! Es sind ihrer zwar nur wenige, aber das Gedächtnis wiederholt sie unaufhörlich und wandelt sie ab wie eine Melodie. Alle anderen Worte zerbrökkeln mit der Rinde, die das Herz umschließt. Zuweilen können wir sie nicht laut sagen und zu Zeiten überhaupt nicht hören.

Bücher für die Jugend sprechen viel von der Wahl der Freunde; das geschieht deshalb, weil sie gar nichts über die Freunde zu sagen haben; sie meinen nur Genossen und Vertraute.

Wisse, daß Feind und Freund von Gott gegeben sind! Freundschaft entsteht unter solchen, die eine Seelenverwandschaft zueinander führt; völlig natürlich und notwendig wächst sie heran. Es nützt nichts, einander Geständnisse zu machen und sich entgegenzukommen. Selbst daß man miteinander spricht ist nicht unbedingt vonnöten. Sie erblüht aus dem Schweigen, so wie die Knospen des Pfropfreises sich erst nach längerer Zeit zu Blättern entwickeln. Es ist ein Schauspiel, bei dem die Teilnehmer keine handelnden Personen sind. In dieser Hinsicht sind wir alle Muselmanen und Fatalisten. Ungeduldige und ihres Erfolges unge-

wisse Liebhaber glauben, daß sie bei jeder Begegnung etwas Freundliches sagen oder tun müßten und nie kalt erscheinen dürften. Aber Freunde tun nichts, wovon sie glauben, sie müßten es tun, sondern nur das, was sie unwillkürlich tun müssen. Selbst ihre Freundschaft ist für sie in gewissem Sinne nur ein herrliches Naturwunder.
Der wahre und aufrichtige Freund wird etwa so zu seinem Freunde sprechen: »Ich frage dich nie um Erlaubnis, dich zu lieben – ich habe ein Recht dazu. Ich liebe dich nicht als etwas Einzelnes und Persönliches, das dir gehört, sondern als etwas Universelles und Liebenswertes, das ich gefunden habe. Wieviel halte ich von dir! Du bist gut ohne Einschränkung – bist unendlich gut. Ewig kann ich dir vertrauen. Ich habe nicht geglaubt, daß die Menschheit so reich wäre. Gib mir eine Gelegenheit zu leben!
Du hast die Wirklichkeit der Poesie – du bist eine merkwürdigere und bewunderungswürdigere Wahrheit als eine Dichtung. Sei nur, was du bist! Ich werde dir nie im Wege sein.
Dies möchte ich: so dein Vertrauter sein, wie unsere Seelen Vertraute sind – dich verehren, wie ich mein Ideal verehre – uns gegenseitig weder durch Worte noch durch Taten erniedrigen, nicht einmal in Gedanken. Wenn nötig, wollen wir sogar auf jeden Umgang verzichten. Ich habe dich entdeckt, wie kannst du vor mir verborgen bleiben?«
Der Freund fordert vom Freunde als Entgelt nur, daß er seine Vergötterung ehrfürchtig annehme, sie dulde und ihr keine Schande mache. Die Hoffnungen des

einen sind dem andern heilig. Ein jeder kommt den Träumen des Freundes freundlich entgegen.

Wenn auch der Dichter sagt: »Es ist das Vorrecht der Freundschaft, Vortrefflichkeit vorauszusetzen«, so dürfen wir doch niemals unseren Freund loben, noch ihn für lobenswert halten, noch ihn glauben lassen, daß er uns durch sein Verhalten gefallen oder uns je gut genug behandeln könne.

Die übliche Gutheit, die sonst solches Ansehen genießt, kann bei diesem Verhältnis am wenigsten bestehen, und kein größerer Schimpf kann dem Freund angetan werden, als wenn ihm der Freund mit einem gesuchten Wohlwollen und einer Freundlichkeit begegnet, die ihm nicht von Natur eigen ist.

Am stärksten fühlen sich natürlich die Geschlechter voneinander angezogen und ergänzen sich gegenseitig am häufigsten und sichersten. Wie natürlich und leicht ist es für einen Mann, die Aufmerksamkeit einer Frau für sein Interessengebiet zu gewinnen! Wenn Männer und Frauen von gleicher Bildungsstufe sich in Freundschaft finden, so werden sie sicher einander von größerem Nutzen sein, als Männer unter sich. Beim geselligen Verkehr der Geschlechter besteht von Natur aus eine gewisse Selbstentäußerung, ein großmütiges Entgegenkommen, und ich bin überzeugt, daß jeder Mann seine Lieblingsbücher eher einem Kreise geistreicher Frauen vorzeigen und vorlesen wird, als einem anderen Manne. Der Besuch eines Mannes bei einem andern bedeutet gewöhnlich für diesen eine Störung, während die Geschlechter aufeinander warten. Trotzdem achtet die Freundschaft die Tatsache der Geschlechter nicht, und sie ist vielleicht bei Menschen verschiedenen Geschlechts seltener als zwischen zwei Angehörigen des gleichen.

Jedenfalls ist die Freundschaft ein Verhältnis völliger Gleichheit. Sie kann nicht ohne äußere Zeichen gleicher Pflichten und gleicher Vorrechte bestehen. Der Edelmann kann keinen Freund haben unter seinen Dienstboten, noch der König unter seinen Untertanen. Nicht daß Freunde in allem einander gleich sein müßten – jedenfalls aber müssen sie es sein in allem, was ihre Freundschaft berührt und angeht. Ihre gegenseitige Liebe hält sich das Gleichgewicht. Die Personen sind nur das Gefäß, welches den Nektar enthält, und die paradoxe Lehre vom Gleichgewicht flüssiger Körper ist ein Symbol des Gesetzes der Liebe. Hohe und Niedrige, Läufer und Lahme, Jäger und Wild – alle macht die Liebe gleich.

In dieser Hinsicht ist keines der Geschlechter zärter als das andere und die Liebe eines Helden ist so scheu wie die eines jungen Mädchens.

Konfuzius sagt: »Schließe niemals Freundschaft mit einem Manne, der nicht besser ist als du selbst.« Darin besteht der Wert der Freundschaft, und dadurch wird sie erhalten, daß sie sich auf höherer Ebene abspielt, als der wirkliche Charakter der Befreundeten annehmen läßt. Die Lichtstrahlen gelangen derartig gebrochen zu uns, daß uns jeder, dem wir begegnen, größer zu sein scheint, als er wirklich ist. Die Höflichkeit hat gleichen Ursprung. Meinen Freund denke ich mir voll der reinsten Empfindungen. Bin ich von ihm getrennt, so stelle ich ihn mir bei edlerer Beschäftigung vor, als bei welcher ich ihn sonst anzutreffen pflege, und ich bilde mir ein, daß er die Stunden, die er mir widmet, besserer Gesellschaft entzieht. Aufs schmerzlichste verletzt hat mich einmal ein Freund, als er sich in meiner Gegenwart so schamlos benahm, wie es nur lange Bekanntschaft vom gewöhnlichen Schlage sich herausnimmt, und mich dabei in freundschaftlichem Tone anredete. Nimm dich in acht, daß dein Freund nicht irgendeine deiner Schwächen dulden lerne und so dem Fortschreiten eurer Liebe ein Hindernis erwachse!

Freundschaft ist niemals etwas Selbstverständliches. Verlangst du, daß ich weniger dein Freund sei, damit du es wissest? Welches Recht habe ich also zu glauben, daß ein anderer eine so seltene Empfindung für mich hegt? Es ist ein Wunder, welches beständiger Beweise bedarf. Es ist ein Gottesdienst edelster Art und der seltenste Glaube. Sein stummes und doch beredtes Verhalten sagt: so möchte ich mit dir verbunden sein, wie du es dir nur vorstellen kannst, und der Freund antwortet schweigend durch sein Wesen und sein Leben und behandelt den Freund mit derselben göttlichen Zartheit. Er kennt uns buchstäblich durch und durch. Er verlangt niemals ein Liebeszeichen, aber unsere Liebe leuchtet ihm aus allem entgegen. Seine Besuche sind ohne Förmlichkeit. Warte nicht, bis ich dich einlade, sondern sieh, wie ich mich über dein Kommen freue! Es wäre zu viel, deinen Besuch zu erbitten. Wo mein Freund weilt, ist alles reich und anziehend, und kein Hindernis kann mich von ihm fernhalten. Laß mich dir niemals sagen, was ich dir nicht sagen darf! Unsere Zwiesprache soll nur erha-

bene Gegenstände kennen und uns zu solchen hinaufführen. Die Sprache der Freundschaft besteht nicht aus Worten, sondern aus Gehalten. Es ist ein geistiges Verstehen, das über Worte erhaben ist.
Man stellt sich endlose Unterhaltungen mit seinem Freunde vor, bei denen die Zunge gelöst und Gedanken ohne Rückhalt und ohne Ende ausgesprochen werden, aber es kommt gewöhnlich ganz anders. Bei Bekanntschaften, die heute geschlossen, morgen abgebrochen werden, haben wir ein Wort für jede Gelegenheit in Bereitschaft, aber wie arm ist jegliches Wort für den, bei dem jeder Atemzug Sinn und Gehalt ist.
Angenommen, du willst deinem Freunde, der sich auf eine Reise begibt, Lebewohl sagen, welch anderes äußeres Zeichen kennst du als einen Händedruck? Hast du irgendeine lange Rede oder einen salbungsvollen Spruch für ihn bereit, oder hast du irgendeine Botschaft durch ihn zu senden oder noch irgend etwas zu sagen, was du vergessen hattest? Als ob du irgend etwas vergessen könntest! Nein, es ist schon viel, daß du seine Hand nimmst und Lebewohl sagst. Es könnte auch ganz gut unterbleiben, obschon es die Gewohnheit verlangt.
Es ist sogar peinlich, wenn sich der Abschied hinzieht, da er nun einmal scheiden muß. Wenn er fort muß, soll er schnell gehen. Hast du irgend welche letzten Worte? Ach, es ist nur das Wort der Worte, das du so lange suchtest und nicht gefunden hast – du hast noch nicht einmal das erste Wort gesprochen. Nur sehr wenige wage ich bei ihrem Vornamen zu nennen. Den Namen aussprechen bedeutet, das Individuum anerkennen,

das ihn trägt. Wer mich bei meinem Namen nennen darf, darf sich an mich wenden und hat ein Anrecht auf meine Liebe und meine Dienste.

Man muß die Heftigkeit der Liebe ebenso fürchten wie die des Hasses. Wenn sie dauerhaft ist, ist sie ungetrübt rein, heiter und gleichmäßig. Selbst ihre berühmten Qualen beginnen erst mit dem Nachlassen der Liebe, denn nur wenige sind wirkliche Liebhaber, wenn auch alle es sein möchten. Es ist ein Beweis dafür, daß man zur Freundschaft taugt, wenn man die übliche Leidenschaftlichkeit verschmähen kann.

Wahre Freundschaft ist ebenso besonnen wie zart. Die sie besitzen, folgen ohne Hintergedanken der Führung ihrer Liebe und kennen kein anderes Gesetz und keine andere Vollkommenheit. Sie ist weder ausgelassen noch unvernünftig; was sie einmal gesagt hat, steht vielmehr für immer fest und kann als Muster gelten. Sie offenbart eine edlere Wahrheit, hat bessere und schönere Verkündigungen und wird nie Lügen gestraft. Sie ist eine Pflanze, welche am besten in der gemäßigten Zone gedeiht, wo Sommer und Winter miteinander abwechseln. Der Freund ist ein Stammverwandter und begegnet sich mit dem Freunde auf heimischem Boden, und da sitzen sie nicht auf Teppichen und Kissen, sondern, dem Gesetze der Einfachheit folgend, auf bloßer Erde und Steinen. Sie treffen sich ohne lauten Zuruf und trennen sich ohne lauten Abschiedsschmerz. Ihr Verhältnis setzt Eigenschaften voraus, wie sie die Krieger schätzen, denn es gehört ebensogut Tapferkeit dazu, um die Herzen der Menschen zu öffnen wie die Tore einer Stadt.

Freundschaft ist nicht so liebevoll wie man sich gewöhnlich einbildet; sie ist nicht sehr menschenfreundlich, sondern mißachtet bis zu einem gewissen Grad die Menschen und ihre Gemütserhebungen, Christenpflichten und Rührseligkeiten, während sie wie Elektrizität die Luft reinigt. Oft gibt es die furchtbarste Tragödie zwischen zweien, die unschuldiger und ihren höheren Trieben ergebener sind als die Masse. Man darf sie eine ausgesprochene heidnische Verbundenheit nennen, in ihrem Wesen frei und ungezwungen, mit nur geringer Neigung zur Tugendhaftigkeit. Sie besteht jedoch nicht nur in der höchsten Sympathie, sondern ist eine reine und stolze Gemeinsamkeit, die von jeher als göttergleicher Bund galt, und die, auf sich selbst bedacht, unbedenklich die geringen Rechte und Pflichten der Menschheit mißachtet. Sie erfordert vollkommen makellose und gottähnliche Eigenschaften und besteht nur durch Herablassung von Vorwegnahme entferntester Zukunft. Man liebt nichts, was nur gut, aber nicht schön ist (sofern es dies überhaupt gibt). Die Natur läßt vor der Frucht die Blüte erscheinen, und jene nicht einfach im Blumenkelch wachsen. Tritt der Freund aus seinem Heidentum und Aberglauben, weil er von einem neueren Testament bekehrt ist, vergißt er seine Götterlehre und behandelt seinen Freund wie ein Christ oder wie er es will, dann hört die Freundschaft auf, Freundschaft zu sein, und wird Almosen. Das Mitgefühl und das Prinzip, welches die Armenhäuser begründete, beginnen ihre Mildtätigkeit bei sich selbst und begründen ein Armenhaus mit allem, was dazu gehört.

Die Anzahl nun, welche dieser Bund zuläßt, beginnt auf alle Fälle mit Eins, der edelsten und größten Zahl, die wir kennen, und es muß abgewartet werden, ob die Welt sie vermehren wird und ob Chaucer recht hat, wenn er sagt: »Der Himmel zählt mehr Sterne als ein Paar.« Auf jeden Fall ist wohlbestellt, wer unter tausend einen findet. Wir dürfen unsere Herzensneigung niemandem schenken, wenn wir wissen, daß ein anderer mehr Anspruch auf unsere Liebe hat.

In der Freundschaft bedeutet die Zahl nichts, der Freund zählt seine Freunde nicht an den Fingern her, sie sind nicht zählbar. Je mehr ihrer durch dieses Band umschlossen werden, wirklich umschlossen, desto erlesener und göttlicher ist die Liebe, welche sie verbindet. Ich glaube gern, daß zwischen drei Personen ein ebenso inniges und trautes Verhältnis bestehen kann wie zwischen zweien. Ja, wir können gar nicht zu viele Freunde haben. Denn wir nehmen die guten Eigenschaften, die wir am anderen schätzen, bis zu einem gewissen Grade selber an, so daß wir dahin kommen, jeder Lebenslage gerecht zu werden.

Niedrige Freundschaft hat die Neigung zur Enge und Abgeschlossenheit, indessen eine edle Freundschaft sich nicht auf sich selbst beschränkt; ihre überströmende, uneigennützige Liebe ist vielmehr jene Menschlichkeit, welche die Gesellschaft versöhnt und Fremdes verstehen läßt. Denn mögen ihre Grundlagen auch verborgen sein, so ist sie doch auch eine öffentliche Angelegenheit und dient dem öffentlichen Wohl, wie sich denn ein Freund mehr um den Staat verdient macht als ein Familienvater.

Die einzige Gefahr, welche der Freundschaft droht, ist die, daß sie ihr Ende findet. Sie ist, wenn auch ein heimisches, so doch ein zartes Gewächs. Die geringste Unwürdigkeit, und bliebe sie uns selbst verborgen, schadet ihr. Der Freund bedenke, daß die Fehler, welche er beim Freunde bemerkt, bei ihm selber Fehler hervorrufen. Keine Regel ist sicherer als die, daß der von uns gehegte Verdacht uns selbst verdächtig macht. In unserer Beschränktheit und befangen in Vorurteilen, sagen wir: so und so viel will ich von dir, mein Freund, und nicht mehr. Möglich, daß niemand liebreich und selbstlos, niemand weise, edel und heroisch genug für eine wahre und dauernde Freundschaft ist.

Zuweilen beklagen sich meine Freunde in zarter Weise, daß ich ihre Zartheit nicht genügend würdige. Ich will mich gar nicht auf die Frage einlassen, ob das zutrifft oder nicht. Sie tun jedenfalls gerade so, als ob sie für jede ihrer guten Reden und Taten einen besonderen Dank erwarten könnten. Vielleicht habe ich sie voll und ganz gewürdigt. Doch möglicherweise war das Schweigen der bessere Teil.

Von manchen Dingen spricht man lieber nicht und läßt auch andere darüber schweigen. Unseren höchsten Offenbarungen lauschen wir wortlos. Über unsere edelsten Regungen bleiben wir nicht nur stumm, sondern verbergen sie in einem Meere des Schweigens, um sie nie zu offenbaren. Es kann sein, daß wir einander noch nicht richtig kennen.

Das Tragische im Verkehr der Menschen beginnt nicht beim Mißverstehen von Worten, sondern dann, wenn das Schweigen nicht begriffen wird. Denn da gibt es

keine Erklärung. Was nützt es, daß dich jemand liebt, wenn er dich nicht versteht? Solche Liebe ist Fluch.
Was sind das für Freunde, die ewig voraussetzen, daß ihr Schweigen ausdrucksvoller sei als das deine? Wie töricht und rücksichtslos, wie ungerecht, immer sich zu stellen, als sei man allein gekränkt worden! Hat dein Freund nicht ebenfalls Grund zur Klage? Gewiß, meine Freunde reden mich zuweilen vergeblich an, aber sie wissen auch nicht, welche Stimme ich höre, und ahnen nicht, daß sie zu mir sprach.
Ich weiß, daß ich sie oft enttäuscht habe, wenn ich nicht Worte für sie hatte, wo oder wie sie es erwarteten. Jedesmal, wenn ich meinen Freund sehe, spreche ich mit ihm, aber er ist nicht der wirklich Erwartende, der echte Zuhörer. Zuweilen klagen sie auch, ich sei zu hart. O ihr Guten, die ihr das Innere der Kokosnuß da haben möchtet, wo die Schale ist! Wenn ich wieder einmal weinen will, werde ich es euch sagen. Sie fordern Worte und Taten, während ein echter Verkehr ja doch Wort und Tat ist. Wenn sie davon nichts wissen, wie soll man es ihnen beibringen? Wir unterlassen es oft, unsere Gefühle zu zeigen, nicht aus Stolz, sondern aus Furcht, wir möchten fernerhin den nicht mehr lieben können, der von uns einen solch großen Beweis unserer Zuneigung verlangte.
Ich kenne eine Frau von regem und klugem Geiste, der die eigene Bildung am Herzen liegt und die jede Gelegenheit zu deren Förderung benutzt. Es ist mir ein Vergnügen, sie zu besuchen, ich erhalte auch nicht geringe Anregungen durch sie und nehme an, daß auch sie durch den Umgang mit mir gewinnt. Trotz-

dem erreicht unsere Bekanntschaft nicht den Grad von Vertraulichkeit und Innigkeit, welche das Weib oder vielmehr jeder Mensch erstrebt. Mit Freunden bin ich ihr behilflich, wie sie auch mir behilflich ist. Ihre Bekanntschaft ist mir lieb wie die eines bevorrechtigten Fremden, und ich zögere, sie so oft zu besuchen, wie ihre anderen Freunde es tun. Meine Natur macht hier halt, ich weiß nicht, aus welchen Gründen. Vielleicht verlangt diese Frau nicht das Höchste, das Tiefste von mir. Manche, mit deren Vorurteilen und Steckenpferden ich nicht sympathisiere, flößen mir Vertrauen ein, und ich bin sicher, daß sie auch mir vertrauen, wenigstens so, wie man einem frommen Heiden – einem guten Griechen vertraut.

Ich habe ebenso gefestigte Grundsätze wie sie. Froh wäre ich, wenn diese Frau begreifen könnte, daß ich mich nicht aus Eigensinn zurückhalte, daß ich vielmehr nur so weit mit ihr Umgang haben kann, als unser Geschick es will und unser guter Genius es erlaubt, und daß ich dennoch solchen Verkehr schätze. Ich habe das Gefühl, daß sie mich für oberflächlich, gleichgültig und prinzipienlos hält; sie erwartet nicht mehr, ist aber auch nicht mit weniger zufrieden. Wenn sie wissen könnte, daß ich die höchsten Ansprüche an mich stelle, ebenso wie ich das von allen anderen erwarte, so würde sie einsehen, daß dieser echte, wenn auch beschränkte Umgang unendlich besser ist als ein weniger zurückhaltender, der aber auf falscher Grundlage beruht und so nicht den Keim des Wachstums in sich trägt.

Ich brauche einen Freund, der von mir dasselbe verlangt, was ich verlange. Ein solcher wird immer in rechter Art nachgiebig sein. Es ist Selbstaufgabe und verdirbt die guten Sitten, sich mit weniger zufrieden zu geben. Ich schätze diejenigen und vertraue ihnen, welche mehr mein Streben als mein Vollbringen lieben und loben. Wenn du dich nicht damit begnügst, meine Person zu sehen, sondern auch ergründest, wohin ich blicke und selbst noch weiter siehst, dann kann ich für meine Erziehung deine Gesellschaft nicht entbehren.

Frei sein muß meine Liebe, wie die Schwingen des Adlers, der über Land und Meer in alle Weiten strebt.

Im vollen Saal, inmitten der Gesellschaft, schweift mein Aug' ins Freie: blickt hinaus in die Nacht und folgt dem Zuge der Wolken.

Sei du, mein Freund, kein listiger Vogelsteller, der meiner Flucht den Weg versperrt mit schlau verborgenem Netz!

Sei du vielmehr der schnelle Wind, der mich dahinträgt und mein Segel schwellt, selbst wenn du längst schon fern!

Um deiner Laune willen kann ich meiner Wolken Flug nicht lassen.

Schwingt sich doch echte Liebe bis hinauf ans Firmament.

Wie aber könnt' der Adler je den Freund vergessen, der ihm gelehrt, das Aug' zur Sonne zu erheben?

Nichts ist schwieriger, als einem Freunde in Dingen zu helfen, die nicht den Beistand der Freundschaft, sondern nur einfach, alltägliche Hilfeleistungen verlangen, es sei denn, daß man einander sehr gründlich kennt.

Ich unterhalte mit einem gewissen Manne die freundschaftlichsten Beziehungen, die jedoch nur auf gemeinsamen geistigen Interessen beruhen, während jenem meine praktischen Handfertigkeiten völlig unbekannt sind.
Wenn er nun meine Hilfe erbittet, weiß er gar nicht, mit wem er es zu tun hat, und gebraucht nicht meine Geschicklichkeit, die in solchen Dingen die seine übertrifft, sondern nur meine Hände. Im Gegensatz hierzu kenne ich einen anderen, dessen Unterscheidungsvermögen in dieser Hinsicht hervorragend ist, und der genau versteht, sich der Gaben anderer, die er nicht besitzt, zu bedienen und sich seinen Mann herauszusuchen.
Solchen Menschen zu Dienst zu sein, ist ein seltenes Vergnügen, wie jeder Arbeiter aus Erfahrung weiß. Die andere Art der Behandlung schmerzt mich nicht wenig.
Es ist gerade so, als ob dein Freund dich im guten Glauben nach freundschaftlichstem, edelstem Verkehr als Hammer gebrauchte und einen Nagel mit deinem Kopfe einschlüge, obwohl du kein übler Tischler und auch kein übler Freund bist und mit Vergnügen einen Hammer für ihn schwingen würdest.
Dieser Mangel an Unterscheidungensvermögen ist ein Fehler, den alle Herzenstugenden nicht ersetzen können.
Nur die Weisen aber besitzen diese Gerechtigkeit des Urteils. Denn denen, die nur gut sind, kann man da nicht trauen. Die Guten lassen sich ausnutzen, die Weisen nur sind unbestechlich. Ihnen gehört der höch-

ste Preis. Sie kennen die Guten und lieben sie, wenn sie selbst auch von den Armen im Geiste nicht in gleicher Weise erkannt werden. Ihr Äußeres zwar ist unscheinbar, aber durch ihren weisen Rat gewinnen sie unsere Achtung. Nicht des einzelnen Wohl und Wehe rührt sie – in der Erkenntnis des Alls empfinden sie aller Freude und Leid.

Konfuzius sagt: »Bande der Freundschaft mit jemanden knüpfen, heißt Freundschaft mit seinen Tugenden schließen.« Aber die Menschen verlangen, daß wir auch mit ihren Lastern Freundschaft schließen. Ich habe einen Freund, der von mir verlangt, das als richtig anzusehen, was ich für falsch halte. Wenn aber die Freundschaft mir meine Augen raubt und das Licht verdunkelt, so will ich nichts von ihr wissen. Sie sollte umfassend sein und über alle Begriffe großherzig machen. Echte Freundschaft verträgt echte Wahrheit. Sie ist nicht auf Dunkelheit und Unwissenheit angewiesen. Mangelnde Schärfe des Blicks und der Urteilskraft darf keiner ihrer Bestandteile sein. Wenn ich die Tugenden meines Freundes deutlicher erkenne als die eines anderen, so fallen mir auch seine Fehler als Gegensatz dazu um so stärker auf. Keinen dürfen wir mit vollem Recht so sehr hassen, wie unseren Freund.

Fehler bleiben nicht weniger Fehler, weil ihnen gewöhnlich entsprechende Tugenden das Gleichgewicht halten, und es gibt keine Entschuldigung für einen Fehler, selbst wenn er oft nicht so groß ist, als er erscheint. Und ich habe noch keinen kennengelernt, der wirklich Kritik vertrug, der keiner Schmeichelei zugänglich war, der seinen Richter nicht gegebenenfalls bestochen hätte oder der damit einverstanden gewesen wäre, daß man die Wahrheit mehr lieben müsse als sich selbst.

Wenn zwei Wanderer einträchtig ihre Straße ziehen sollen, so müssen beide die gleiche Anschauung darüber haben, was wahr und richtig ist, andernfalls ihr Pfad nicht mit Rosen bestreut ist. Dagegen kann man bequem und angenehm selbst mit einem Blinden reisen, sofern er nur die gewöhnliche Höflichkeit übt.

Wenn du dich dann mit ihm über die Gegend unterhältst, wirst du daran denken, daß er blind ist und du sehend bist, aber auch nicht vergessen, daß sein Gehör wahrscheinlich durch das Fehlen des Gesichts schärfer wurde. Sonst werdet ihr nicht lange zusammen bleiben. Ein Blinder und einer mit gesunden Augen reisten einmal zusammen; als sie an den Rand eines Abgrundes kamen, rief der Sehende: »Achtung, Freund, hier ist ein jäher Abgrund, gehe nicht weiter.« »Ich weiß es besser«, sagte der andere und schritt zu.

Selbst unserem besten Freunde können wir nicht alles sagen, was wir denken.

Lieber sollen wir ihm für immer Lebewohl sagen, als uns beklagen, denn unsere Klage ist zu tief begründet, um ausgesprochen zu werden. Zwei mögen sich noch so gut verstehen, so wird doch die Bloßstellung des einen durch eine schwere Schuld bei dem anderen eine gewisse Entfremdung hervorrufen, und zwar um so mehr, je schwerer das Vergehen war. Die angeborenen Unterschiede, die stets vorhanden und Hindernisse für eine vollkommene Freundschaft sind, dürfen von Freundeslippen nie erwähnt werden. Es gibt nur den

einen Rat, daß man sich als ganzes nimmt und gelten läßt. Nur Liebe kann da versöhnen. Es ist zu spät, wenn Erklärungen kommen und Unterhandlungen geführt werden, wie mit Feinden. Wer wird für einen Freund die Verteidigung übernehmen? Diese Unterschiede müssen sich entschuldigen, wie Tau und Reif, die vor der Sonne verschwinden und die jeder als wohltätig kennt. Schon die Notwendigkeit selbst einer Erklärung – welche Erklärung kann sie gutmachen?
Echte Liebe streitet nicht wegen Kleinigkeiten, wegen Mißverständnissen, die gegenseitige Bekanntschaft beseitigen kann, sondern nur aus gewichtigen, triftigen, nicht aus der Welt zu schaffenden Gründen, über die man nicht leichten Sinnes hinwegsehen kann, so gering auch der Anlaß erscheinen mag. Wenn die Liebe einmal gehadert hat, geschieht es immer wieder, wenn auch die Strahlen der Zuneigung ständig wieder hervorbrechen, um die Tränen zu vergolden. Verspricht ja auch der Regenbogen, ein wie herrliches, untrügliches Zeichen er auch sein mag, schönes Wetter nicht für immer, sondern nur für kurze Zeit. Ich war mit zwei oder drei Personen recht gut bekannt, und doch war ihr Rat mir nur in alltäglichen und vergänglichen Dingen von Nutzen. Der eine mag Kenntnisse haben, die ein anderer nicht hat, aber damit, daß ein Rat gut gemeint ist, hat er noch nicht das, was nötig ist, damit er auch Nutzen bringe. Wir müssen uns nehmen, wie wir sind, oder uns meiden. Ich könnte eher eine Hyäne zähmen, als meinen Freund. Er besteht aus einem Stoffe, den keines meiner Werkzeuge bearbeiten kann. Ein nackter Wilder kann mit einem Feuerbrand eine

Eiche fällen und sich aus Stein ein Beil schleifen, indessen ich auch nicht den kleinsten Span aus dem Charakter meines Freundes heraushauen kann, weder im guten noch im schlechten Sinne.

Schließlich erfährt der Liebende, daß niemand ganz zu durchschauen und zuverlässig sei, sondern daß jeder einen Teufel in sich trägt, der am Ende zu jedem Verbrechen fähig ist.

Indessen bemerkt ein orientalischer Philosoph: »Wenn auch die Freundschaft zwischen guten Menschen gestört wird, so bleibt ihr Wesen unverändert. Der Stengel des Lotus kann geknickt werden, aber seine Fasern hängen noch zusammen.«

Unwissenheit und Ungeschicklichkeit in der Liebe sind besser als Weisheit und Geschicklichkeit ohne Liebe. Es mag Höflichkeit, Witz und gute Laune, geistsprühende Unterhaltungsgabe vorhanden sein, selbst guter Wille – und doch erwarten die menschlichsten und göttlichsten Gaben vergeblich Betätigung. Ohne Liebe ist unser Leben wie Schlacken und Asche. Ein Mensch mag rein wie Alabaster und parischer Marmor, bezaubernd wie eine toskanische Villa, erhaben wie der Niagara sein, ist aber seinem Weine nicht die Milch der Freundschaft beigemischt, so muß man die Gastlichkeit von Goten und Vandalen vorziehen.

Mein Freund gehört keinem fremden Volke und keiner fremden Familie an, sondern ist Fleisch von meinem Fleische, Bein von meinem Beine. Er ist mein natürlicher Bruder und strebt wie ich dem Jenseits zu. Wir leben nicht weit voneinander. Hat nicht das Schicksal uns auf vielfache Weise miteinander verbunden? Es ist nicht ohne Bedeutung, daß wir so lange das Brot miteinander teilten, aus derselben Quelle tranken, Sommer und Winter dieselbe Luft atmeten, dieselbe Hitze und Kälte fühlten, daß uns dieselben Früchte labten und daß wir nur gleiche Gedanken hegten!

Jeden Tag erglänzt der Natur ihr Morgenrot – mir wird's nur selten zuteil.

Doch ich bin's zufrieden: denn schöner als das Morgenrot der Sonne ist das Morgenrot meiner Phantasie.

Wenn meine Sonne aufgeht, so erscheint die sonnenüberglänzte Landschaft dunkel selbst am Mittag.

Zuweilen sonn' ich mich im Tageslicht und halte Zwiesprache mit den Gefährten. Doch was ist die Glut jener Sonne gegen die Blitze unseres Geistes?

Steige ich im Zwiegespräch zur Höhe der Schau empor, so tagt uns ein schönerer Morgen, als je die Sonne ihn bereiten kann.

Als ob zwei Sommertage zu einem würden, zwei Sonnentage in einen zerflössen, so schaffen unsere Geistesfunken eine Sonne, die herrlich alles überstrahlt.

So sicher wie der Sonnenuntergang des verflossenen November mich in eine überirdische Welt versetzt und mich an den hellen Morgen der Jugendzeit erinnert hat, so sicher wie der letzte Ton der Musik, der mein schwächer werdendes Ohr trifft, auch das Alter mich vergessen läßt, so sicher soll, während die mannigfaltigen Einflüsse der Natur im Laufe unseres natürlichen Lebens enden, mein Freund für immer mein Freund sein und einen Strahl Gottes in mir widerspiegeln; und die Zeit soll unsere Freundschaft pflegen, schmücken und weihen wie Ruinen von Tempeln. Wie ich die

Natur liebe, die Singvögel, das weite Stoppelfeld und fließende Bäche, Morgen und Abend, Sommer und Winter, so liebe ich dich, mein Freund.

Aber alles, was über die Freundschaft gesagt werden kann, ist wie die Lehren der Botanik im Vergleich zu den lebenden Blumen. Wie kann der Verstand ihre Schönheit erklären!

Selbst der Tod der Freunde wird uns beeinflussen wie ihr Leben.

Sie trösten die Trauernden, wie die Reichen Geld hinterlassen, um die Bestattungskosten zu decken, und das Gedächtnis an sie ist umsponnen mit erhabenen und angenehmen Gedanken wie die Denkmäler jener mit Moos.

Dies alles aber sage ich unseren cis-alpinen und cis-atlantischen Freunden.

Für die große und achtungswerte Nation der Bekanntschaften jenseits der Berge habe ich dann folgende Bitte und folgenden Rat:

»Meinen Gruß zuvor!

Durchlauchtigste und edle Nachbarn! Sehen wir zu, daß wir den denkbar größten Vorteil voneinander haben. Laßt uns, wenn wir nicht vortrefflich sein können, einander wenigstens nützlich sein. Ich weiß, daß die Berge, welche uns trennen, hoch und mit ewigem Schnee bedeckt sind, aber verzweifelt nicht! Benutzt das heitere Winterwetter, um sie zu erklimmen. Wenn nötig, glättet die Felsen mit Essig. Denn hier liegen schon die lachenden Gefilde Italiens, bereit, Euch zu empfangen.

Auch ich werde auf meiner Seite nicht müßig bleiben,

zu Eurer Provence vorzudringen. Treffet ordentlich Kopf, Herz oder sonst ein edles Organ! Verlaßt Euch darauf, ich bin aus hartem Holze geschnitzt, der Balken ist gut ausgetrocknet, zäh und stark und verträgt einen Puff, und sollte er zerbrechen, so gibt es dort, woher er genommen, seiner noch genug. Ich bin nicht wie die Töpferware, die nicht aneinanderstoßen darf, weil sie sonst Sprünge bekäme und bis zum Ende ihrer Tage häßlich mißtönend erklingen müßte, sondern wie die altmodischen hölzernen Anrichtebretter, die heute oben am Tisch aufgestellt sind, morgen als Melkschemel und ein andermal als Kindersitz dienen, und die, wenn sie schließlich zu Grabe gehen, mit ehrenhaften Schrammen bedeckt sind und nicht eher sterben, als bis man sie ganz verbraucht hat. Nur Stumpfsinn ist einem ordentlichen Kerl zuwider. Bedenkt, was für Nackenschläge man in seinem Leben erhalten hat! Vielleicht ist man in eine Pferdeschwemme gefallen, hat nichts als Süßwassermuscheln zu essen gehabt oder dasselbe Hemd eine Woche ungewaschen tragen müssen. Freilich kann man keinen Schlag bekommen, ohne daß man sich in einem Zustand befindet, der den Schlag anzieht. Gebraucht mich also, denn ich bin in meiner Art nützlich und bin einer von vielen Bittstellern, vom Bilsenkraut und Fliegenpilz angefangen, bis zur Georgine und zum Veilchen, die darum bitten, verwandt zu werden, wenn Ihr mich für verwendbar haltet, sei es als Medizin oder Ingredienz für ein Bad, als Balsam und Lavendelöl, oder als Parfüm, wie das Eisenkraut und den Storchschnabel, oder als Ergötzung für das Auge, wie die Kakteen, oder als Erinnerung, wie die Stiefmütterchen – zu bescheidenem Gebrauch also, wenn nicht zu edlerem Nutzen. Und auch Euch, Ihr Lieben, die Ihr mir fremd seid, und Euch, meine Feinde, möchte ich nicht vergessen. Auch Euch kann ich willkommen heißen. Denn von unseren Feinden haben wir nichts zu befürchten. Gegen sie unterhält Gott ein stets bereites Heer, aber gegen unsere Freunde, diese grausamen Vandalen, haben wir keine Verbündeten.

Gestattet, daß ich zeichne als

Euer
stets ergebener
Diener.«

Sentenzen

Liebe

In der Liebe teilen wir einander in zartester und unkörperlicher Weise, durch Gedanken oder mittelst der Atmosphäre das Beste von uns selber mit, das, was sich sonst verflüchtigt oder in bloßer Sehnsucht ausgibt, und wir machen uns gegenseitig reicher. Der Liebende allein nimmt einen gewissen menschlichen Duft wahr und lebt in ihm. Für ihn ist Humanität nicht bloß ein Wohlgeruch, sondern Würze und Wohlgeruch zugleich.

Freundschaft

Die Vögel wurden sehr natürlicherweise mit Weissagungen in Zusammenhang gebracht, denn sie sind nur Grenzgäste auf der Erde, Geschöpfe eines andern, mehr ätherischen Elementes, in dem unsere Existenz nicht aufrechterhalten werden könnte. Sie scheinen zwischen dem Unerforschten und uns hin und her zu fliegen.

Wohlergehen ist kein Feld für Heroismus, es sei denn, daß damit ein unabhängiges und übernatürliches Glück geschaffen werde. Inmitten von Getöse und Tumult vernehmen wir den Klang der Posaune. Irdische Niederlagen sind des Himmels Erfolge. Es kann von uns nicht gesagt werden, daß wir einen Gewinn erlangt haben, solange uns die Welt irgendeine Gunst erweist. In Wirklichkeit findet der Held im Widerstand, der seinen Handlungen entgegengebracht wird, den *point d'appui*, der ihn zu handeln befähigt. Bei jedem Schritt bietet er der Welt Trotz. Er erhebt sich in dem Maße höher, als ihm auf der Erde Widerstand entgegengesetzt wird. Es ist verhängnisvoll, wenn ein Aufstieg durch zu großes Entgegenkommen erkauft wird, ein Entgegenkommen, das nichts Widerstrebendes mehr in sich hat; denn der Held muß, gleich dem Luftschiffer, nach der Willkür des Windes fliegen, und er kann bei ruhigem Wetter nicht segeln oder sich selber lenken. Wenn wir uns auf die nächsthöhere Stufe erheben, treten wir am härtesten auf die untere. Mein Freund muß mein Zeltgenosse sein.

Religion

Ich bin erstaunt, zu sehen, wie so viele Reisende im Osten und im Westen sich erlauben, durch einen bloßen Namen getäuscht zu werden; daß der Reisende im Osten zum Beispiel einen so großen Unterschied macht zwischen dem einen Asiaten und einem andern, nur weil der eine den Namen eines Christen trägt und der andere nicht. Am Ende kommt er zu einer Sekte Christen, Armeniern oder Nestorianern und behauptet von ihnen – mit wenig Wahrheit, wie ich befürchte –, daß sie eine weit höhere Zivilisation, Bildung und Humanität besäßen als ihre Nachbarn. Aus der Ferne und daher unparteiisch betrachtet, finde ich nur einen geringen Unterschied zwischen einem Christen und einem Mohammedaner, und ebenso bemerke ich, daß europäische und amerikanische Christen genau diesen heidnischen Armeniern und nestorianischen Christen gleichen, selbstverständlich nicht Christen in irgendeiner wahren Bedeutung, sondern einfach einer heidnischen Sekte im Westen, bei welcher der Unterschied zwischen ihrer Religion und derjenigen eines Mohammedaners ebenfalls nur sehr geringfügig und unbedeutend ist. Jene Nation ist nicht christlich, bei der nicht die Grundsätze der Humanität, sondern die Vorurteile der Rasse vorherrschen. Ich erwarte von einem Christen, daß er nicht abergläubisch sei, sondern sich durch die Klarheit seines Wissens, die Kraft seines Glaubens und die Weite seiner Menschlichkeit auszeichne. Ein Mensch einer andern Rasse, ein Afrikaner zum Beispiel, kommt nach Amerika, um es zu durchwandern und kennenzulernen, und er erfährt hier die gleiche Behandlung oder eine noch schlechtere, als wie sie dem Amerikaner unter den Türken, den Arabern und Tataren zuteil wird.

In beiden Fällen findet der Reisende, daß Religion bloßer Aberglaube, Wahnsinn oder Raserei sei.

Wanderungen

Wie so ganz außer jedem Verhältnis steht doch der Wert einer Idee gegenüber ihren historischen Tatsachen! Wenn wir eine Idee, zum Beispiel in der Hindu-Literatur antreffen, ist es vollständig nebensächlich, wann oder wo sie ausgesprochen wurde, und was sie damals ihren Anbetern bedeutete. Alles, was sich Geschichte von Indien oder Weltgeschichte nennt, ist gegenüber jeder wirklichen Poesie oder einer Eingebung anmaßend, denn diese sind zeitlos.

Die weißen Birken haben nun begonnen, gelb zu werden, und an sonnigen Orten schauen Brombeerranken da und dort wie Blutstreifen im Grase aus. Ich sitze am Hügelabhange in C. Miles's Sumpf. Eine Waldrebe, welche den Hauptstamm einer Ulme im Sumpfe in seiner ganzen Höhe bekleidet, sieht durch das dünne, gelbliche Laubgewinde des Baumes wie eine gerade, rote Säule aus. Während ich dort weile, bemerke ich den Schatten eines über mir fliegenden Falkens. Mich dünkt, daß diese Vögel jetzt zahlreicher sind. Vielleicht kommt dies, weil sowohl ihre Jungen groß geworden sind, und auch weil die ihnen zur Nahrung dienenden kleinen Vögel in Scharen umherfliegen. Sobald ich nur wenige Minuten ruhig an einem Ort sitze, von dem die Sumpfwiesen überblickt werden können, sehe ich schon dem Wiesensaume entlang ein schwarzes, kreisendes Pünktchen, das verloren scheint, wenn es sich einer besonderen Beleuchtung zuwendet, dann aber wieder näher oder ferner sichtbar wird.

Es ist sehr natürlich, das heißt in größter Übereinstimmung mit den Erscheinungen der Natur, wenn wir annehmen, daß Amerika von den nördlichen Teilen des östlich von ihm gelegenen Kontinentes aus entdeckt wurde. Denn das Studium der Pflanzen- und Tier-Ordnungen weist auf eine Verbindung nach dieser Seite hin. Manche Vögel sind in den nördlichen Gegenden beider Kontinente heimisch. Sogar die Wandertaube ist von dort herübergeflogen, und einige europäische, landeinwärts sich nicht ausbreitende Pflanzen wurden auf den äußersten nordwestlichen Inseln und Küsten Amerikas vorgefunden. Auch die Menschen gehorchen bei ihren Wanderungen dem gleichen Gesetz.

Musik

In dem Maße als ein Mensch für Musik nur ein schwaches Gehör hat oder es ganz verliert, ist er genötigt, weit zu reisen um ihretwillen oder sie von weither kommen zu lassen oder einen hohen Preis für jene zu bezahlen, die er hören *kann*. Nur Opern und ähnliches machen noch Eindruck auf ihn. Es gleicht dies dem Unterschied zwischen einem jungen gesunden Appetit und den Begierden der Genußsüchtigen, dem Verlangen nach Süßigkeiten und nach Schildkrötensuppe.

Weisheit

Weisheit ist ein Mischling ungleicher Eltern, ein Kind des Instinktes und der Überlegung, das sich immerhin mehr der Seite des Vaters zuneigt und zuletzt wieder für sein reines Blut einstehen wird, so wie die weiße Rasse am Ende den Sieg über die farbige davonträgt. Die Weisheit vertritt die Erde im Himmel als ihr bevollmächtigter Gesandter, aber hier und da kommt der Instinkt als Himmlisch-Geborener zur Erde hernieder, damit er den Streit schlichten möge.

Jede schöne Handlung ist die Frucht der Begeisterung. Im Sonnenuntergang ist Begeisterung. Die Muschel am Strande des Meeres setzt Jahr für Jahr neue Schichten an in ihrer Schale, und sie bringt neue Farben hervor mit dem gleichen Entzücken, in dem der Poet seine Lieder singt. Es liegt etwas Ergreifendes im Frühling, wenn er seine Knospen und Blüten treibt. Im Sommer herrscht ein stilles Glück; eine Zufriedenheit im Herbst und eine geduldige Ruhe im Winter. Alle die Vögel, alle Blumen und alle Früchte sind Schöpfungen des Enthusiasmus. Die Natur schafft nichts in einer prosaischen, nüchternen Stimmung; doch manchmal wirkt sie, wie bei den Erdbeben, schrecklich, gleichsam in einer poetischen Raserei, und zu andern Zeiten wieder wunderlich.

Das Wunder des Hahns

Betrachtet einen voll ausgewachsenen, aber noch jungen Hahn ganz in eurer Nähe! Wie ist er doch voller Leben, von der Spitze seines Schnabels, dem vor Erregung zitternden Kamm und Bart und dem glänzenden Auge bis hinab zu den Spitzen seiner blanken Zehen! Wie flink und unermüdlich ist er, auf jeden Laut horchend und jede Bewegung überwachend! Wie mannigfaltig sind seine Rufe, vom feinsten schrillsten Alarmschrei, wenn ein Sperber hoch oben dahinschwebt – wobei er in den hohen Tönen die vollendetsten Geigenspieler übertrifft –, bis zu dem heiseren, irdischen Zwecken dienendem Locken! Er hat ein treffendes Wort für jede Gelegenheit, für den Hofhund, der an ihm vorüberrast und für die Henne, die in der Scheune gackert. Und nun, Achtung! Wie reckt er sich in die Höhe und schlägt mit den Flügeln, wie nimmt er seine ganze Kraft zusammen, und was er an Atem aufzubringen vermag, damit er seinen Ruf hinausschleudern kann, den weltberühmten, den Ohr durchdringenden Hahnenschrei! Es ist nicht eine gewöhnliche Herausforderung, sondern das völlige Überwallen des Lebens, den perlenden Luftbläschen gleich, die in einem Glas Wein aufschäumen. Ist irgendein Edelstein so leuchtend wie sein Auge?

Die Katze schläft auf ihrem Kopf! Was hat das wohl zu bedeuten? Es ist beunruhigender als ein Dutzend Kometen. Wie lange doch Vorurteile haften bleiben! Der herkulisch gebaute Fischer fragt mich argwöhnisch über den Kometen aus, der in den letzten Nächten im Norden gesehen wurde – ob wohl irgendeine Gefahr zu befürchten sei von dieser Seite her! Ich hätte ihm am liebsten gesagt, daß er selber die größte Gefahr für sich sei.

Körper und Geist

Noch kein Mensch hat sich im Geiste vorgestellt, welche geheimen Gespräche seine Glieder mit der sie umgebenden Natur führen, oder wie sehr der Inhalt dieses Gedankenaustausches seine eigene Gesundheit und seine Krankheiten beeinflußt. Während das Haupt sich zu den Sternen emporhebt, sind die Füße nicht notwendigerweise auch Astronomen, sondern erwerben unabhängige Erfahrungen in den niedrigen Regionen der Natur. Wie manches fühlen sie, von dem sie keine Mitteilung machen! Wie viele Gerüchte ersterben allmählich zwischen den Knien und dem Ohr! Sicherlich kommen diese Erfahrungen aus dem Instinkt. Ich verfüge nicht freier über meine Glieder als über die universale Natur. Am Ende sorgt der Körper doch für sich selber. Er ißt und trinkt, schläft und verdaut, wächst und stirbt, und es ist die beste Ökonomie, ihn in all diesem allein machen zu lassen.
Warum sollte ich es nötig haben, umherzureisen und die Nadeln des Kompasses um Rat zu fragen, wenn ich eine Gegend aufsuchen will? Meine Augen sind Südfenster, und durch sie überschaue ich ein südliches

Panorama. Das Auge verrichtet die wenigste Schwerarbeit von allen Sinnen. Es entflieht am häufigsten zu einer edleren Beschäftigung. Die übrigen Sinne dienen ihm, sie begleiten und verteidigen es. Ich weise diesem Sinn eine Überlegenheit, ja ein gewisses Vorrecht zu. Es ist der älteste Diener im Haushalt des Geistes; es formt sich ein Bild von dem, was es sich vorstellt; es erhebt das zum Ideal, was es idealisiert. Durch das Auge schlich sich die Abgötterei ein, die ja eine Art Gottesdienst ist. Wenn irgendeine Freude oder ein Kummer ausgedrückt werden soll, dann ist das Auge der schnelle Läufer, der die Neuigkeit herbeiträgt. In der Wachsamkeit verdoppelt, in der Treue einfach, dient es der Wahrheit immer, und es bringt keine falschen Nachrichten herzu.

Von den fünf Kasten ist es der Brahmane. Es steht mit dem Himmel in Verbindung. Wie so viel mehr dient doch der Mensch diesem Sinn als irgendeinem andern! Wenn er ein Haus baut, vergißt er nicht, ein Fenster in die Mauer zu machen. Wir schauen Wahrheit. Wir sind Kinder des Lichts. Unser Schicksal liegt dunkel vor uns. Kein anderer Sinn hat so viel mit der Zukunft zu tun wie das Auge. Die Wissenschaft wird nicht eher vollkommen sein, bis jeder Sinn unser Denken, unsere Sprache und Handlungen seinerseits auf solche Art geleitet hat.

Hier-Sein

Es ist gut, wenn wir unsere Beschäftigungen und Freuden in einfachen, schlichten Dingen finden. Sie erhalten uns am besten und bringen uns den reichsten Gewinn. Ich glaube, daß ich lieber die Bewegungen dieser Kühe auf ihrer Weide während eines Tages beobachten wollte, die nun alle, wie ich sehe, ihre Köpfe nach einer Richtung hinhalten und langsam vorwärtsschreiten, daß ich lieber sie überwachen und den Weg, welchen sie zurücklegen, sorgfältig auf einer Karte einzeichnen und über ihr Benehmen getreulich berichten würde, als nach Europa oder Asien zu reisen und dort über andere Bewegungen zu wachen; denn es ist nur unser eigenes Ich, über das wir in jedem Fall sprechen, und vielleicht würden wir im zweiten Falle über ein ruheloseres und unwürdigeres Selbst berichten als im ersten.

Natur

Es gibt nun in der Natur nicht mehr jenen Überreichtum an Ereignissen und das aus ihm hervorgehende Durcheinander, wie es einer Sommerwanderung zu eigen ist. Wir sehen nur wenige Blumen, Vögel, Insekten oder Früchte, und daher bewegt uns das, was geschieht, auf einfachere und bedeutsamere Weise, wie zum Beispiel das Gekrächze der Raben oder der Schrei eines Hähers. Der letztere scheint hemmungsloser und mit mehr Freiheit durch die lichten Partien des Waldes hinzurufen, die durch das Herabfallen der Ahornblätter entstanden sind. Ich höre den Alarmruf eines kleinen roten Eichhörnchens und sehe, wie es ruckweise einem Kastanienast entlang auf mich zukommt. Sein Kopf schaut ungewöhnlich groß aus im Verhältnis zum Körper, wie bei einer Bulldogge, vielleicht weil es seine Backentaschen mit Nüssen voll gestopft hat. Es schnalzt und schwenkt seinen Schweif hin und her, dann hält es wieder still und kratzt sich einen Fuß vorwärts, als ob es eine Meile wäre. Es ist laut und geschäftig für uns beide. Offenbar aber kommt all dieses Getue nicht aus einer Furcht hervor. Ohne Zweifel liegt ihm ein Übermaß von Neugierde und Vorsicht zugrunde, das meiste ist jedoch Verstellung und Vorliebe für das Staunenerregende. Es kann nicht an sich halten, bis ich vorübergegangen bin, sondern nimmt eine Nuß hervor und kostet sie inmitten seiner Aufregung. »Sieh da, sieh da«, ruft es aus. »Wer ist hier? Oh, du Lieber, was soll ich machen?« Und es gebärdet sich, als ob es davonrennen möchte, kommt aber nicht einen Zoll weiter; es läßt seine ganze Energie in Schwingungen seines Schweifes verpuffen, während es sich an die Rinde des Baumes festklammert, wie wenn es ein Rennpferd zügeln wollte. Zuletzt kommt es am Stamm herunter, Kopf voran über einen vorspringenden Knorren, nur eine Meßrute von mir entfernt, es schnalzt und schilt lauter als je, wobei es versucht, sich selber in eine Angst hineinzusteigern.

Der hintere Teil seines Körpers treibt den vorderen an, den Schweif wie eine Peitsche über ihn hinschwingend; aber der vordere hält sich mit verwegener Energie an der Baumrinde fest.

Reinheit

Der Kreislauf der Jahreszeiten ist ein großartiges und ebenmäßiges Dahinfließen, eine anmutvolle, friedliche Bewegung, die dem Anschwellen der Seen und Meere gleicht. Nirgends in der Natur bildet sich eine Starrheit, keine Muskeln werden hart, keine Knochen treten hervor, sondern sie hat geschmeidige Gelenke, jetzt und immer. Es sammelt sich von Tag zu Tag kein Schmutz an, nein, stets herrscht Frische auf ihren Wangen vor und Reinlichkeit in ihrem Kleid. Der Staub setzt sich wohl auf die Zäune, auf die Felsen und Weiden am Straßenrand, doch der Rasen ist trotz alledem ebenso grün, ja noch grüner. Die Morgenluft ist klar, sogar heute. Sie wird nicht verdunkelt durch den Staub, welcher aufgewirbelt wurde. Der Tau macht alles wieder rein. Die Natur hält ihren Besen immer in Tätigkeit. Sie hat keine Rumpelkammer, keinen Kehrichtkübel in ihrem Haus. Noch war jemals ein Mensch zu fein, um in ihren Feldern und Wäldern zu wandern. Die Religion erlaubt dem Araber, seinen Leib mit Sand zu reinigen, wenn kein Wasser in der Nähe ist.

Natur und Kunst

Es ist so weit gekommen, daß der Kunstliebhaber und der Naturliebende zwei verschiedene Menschen sind, obwohl wahre Kunst stets nur der Ausdruck unserer Liebe zur Natur sein kann. Es ist geradezu monströs, wenn sich einer durchaus nicht um Bäume bekümmert, hingegen ein großes Getue macht um korinthische Säulen; dennoch ist das sehr allgemein geworden.

Winter und Sommer

Der lebhafte und tatkräftige Mensch führt im Winter ein geistigeres Leben als im Sommer. Das Animalische und Vegetabilische blüht im Sommer mehr in ihm, wie in einer heißen Zone; er lebt dann vornehmlich in seinen Sinnen. Im Winter übt die kalte Vernunft ihre Macht aus, nicht die warme Leidenschaft; der Mensch lebt im Denken und in der Überlegung. Nach einem mehr sinnlich zugebrachten Sommer erlebt er seinen Winter gleichsam in einem starren Zustande, so wie einige Reptilien und andere Tiere. Er hängt mehr von sich selber, von seinen eigenen Hilfsquellen ab im Winter, weniger von dem, was außen ist. Insekten verschwinden zum größten Teil und mit ihnen jene Tiere, die sich von ihnen nähren; aber die nobleren Geschöpfe ertragen die Strenge des Winters mit dem

Menschen. Er zieht sich in seinen Geist zurück, zu einem immerwährenden Sommer, und für den gesunden Menschen kommt niemals der Winter seiner Unzufriedenheit.

Arbeit

Das einzige Gebet für einen mutigen Menschen ist die Arbeit. Sie ist die Bitte, welche erhört wird. Warum sollen wir von Gott eine Frist erbitten, wenn er sie uns nicht gab? Hat er sein Werk nicht vollendet und den Menschen seinen Umständen entsprechend geschaffen? Warum soll dieser seine Zuflucht wiederum zu Gott nehmen? Gott kann keine andere Hilfe gewähren als Selbsthilfe.

Die Steinhauer polieren nur die Verzierungen an ihren Kaminen. Aber ihre Pyramiden sind kunstlos aufgebaut. Es liegt eine Ernsthaftigkeit im rauhen Anblick des unbehauenen Granits, welche sich unmittelbar an die Tiefe in uns wendet; aber die polierte Oberfläche trifft nur den Augapfel.

Der Zugwind in meinem Ofen tönt wie das Anschlagen der Wogen an das Gestade, und der Ofendeckel singt wie der Wind im Tauwerk eines Schiffes. Das andauernde Brausen der Brandung klingt ebenso unaufhörlich in meinem Ohr wie in der Muschel auf dem Kaminsims. Ich sehe im Geist gestrandete Schiffe, umherfliegende Sturmmöwen und am Ufer auf- und niedereilende Fischer.

Wissenschaft

Eine wissenschaftliche Beschreibung unterscheidet sich von der poetischen und lebendigen etwa so, wie die das Auge ermüdenden Photographien von Gemälden und Zeichnungen, obschon der Vergleich noch zu vorteilhaft ist für eine wissenschaftliche Darstellung. Alle Wissenschaft ist nur ein Notbehelf, ein Mittel zu einem Ziel hin, das nie erreicht wird. Die wahrste Schilderung einer Blume, in der auch ein anderer lebender Mensch sie als solche erkennen kann, ist die uneingeschränkte und beredte Darstellung, zu der uns ihr Anblick begeistert. Keine wissenschaftliche Beschreibung vermag den Mangel dieser Begeisterung zu ersetzen, auch wenn ihr jedes Atom zählen, messen und analysieren würdet, aus denen die Blume besteht. Sicherlich sind Poesie und Beredsamkeit eine universalere Sprache als das Latein, welches zugestandenermaßen tot ist. Ich möchte sagen, daß in der Wissenschaft alles Beschreibende zurückgesetzt wird, bis wir das Ganze kennen, und dann wird die Wissenschaft selber beiseite gelassen. Aber unmittelbare Ausdrücke des Entzückens, die irgendein Ding in der Natur aus uns hervorlocken, sind etwas Vollendetes und Entschiedenes in sich selber, da ja die ganze Natur so angeschaut werden muß, wie sie den Menschen erfaßt, und wer weiß, wie sehr solche unbewußten Bestätigungen der absoluten Wahrheit nahekommen? Was ist am wahrsten, die erhabenen Gedanken hebräischer Poeten und Seher, oder die vorsichtigen Feststellungen moderner

Geologen, die wir so bald wieder umändern und umlernen müssen? Eine wissenschaftliche Beschreibung ist derart beschaffen, wie ihr sie erhalten würdet, wenn ihr die Schüler des Polytechnikums mit allen möglichen patentierten Meßinstrumenten ausschicktet, um das Maß irgendeines Gegenstandes in der Natur für euch zu nehmen. In gewissem Sinn habt ihr so nichts gewonnen, denn jedes Ding, das wir mechanisch anschauen, wird mechanisch abgebildet in unseren Augen, aber eine wahre Darstellung wächst aus der Vorstellung und Wertschätzung des Gegenstandes heraus und ist an sich selber eine neue, nie im Lichtbilde darstellbare Tatsache, welche die höchste Eigenschaft des Gegenstandes, seine Beziehung zum Menschen, anzeigt. Die eine Beschreibung interessiert vornehmlich Leute, die den Gegenstand nie gesehen haben, die andere erweckt die Teilnahme jener Menschen, die ihn sahen, die völlig mit ihm vertraut sind und ihn dem Leser nahebringen. Wir lesen von nichts so gerne eine gute Schilderung als von dem, was wir schon am besten kennen, so wie unseren Freund oder sogar uns selber.

Gerard hat nicht bloß von einer Pflanze sprechen gehört, sie gesehen und aufgezogen, sondern er nahm ihren Duft wahr, er hat sie gekostet und sich ihr mit allen seinen Sinnen zugewandt. Ihr werdet von der Sache nicht durch irgendeine Anordnung oder ein System abgelenkt. In der wahren natürlichen Anordnung wird auf keine Einteilung oder ein System Gewicht gelegt. Jedes Ding ist das erste, jedes das letzte. Das, was sich uns in diesem Augenblick darbietet, nimmt die ganze Gegenwart in Anspruch und ruht auf dem höchsten Punkt des Universums, unter dem Zenit. Arten und Individuen aller natürlichen Königreiche fordern unsere volle Aufmerksamkeit und Bewunderung, ohne jede Ausnahme. Wir stellen dort gerade Linien auf mit einem Kapitän an der Spitze und einem Leutnant am Ende, mit Sergeanten und Korporalen der ganzen Reihe entlang und einer Trompetenfanfare beim Beginn; dort wo die Natur ihre Kreise gemacht hat, denen eigene Sphärenmusik zukommt. Es ist unerläßlich für uns, daß wir uns ihr anpassen, und wir bieten jedem eine Belohnung an, welcher dies tun will. Der beste Beobachter schildert den ihm vertrautesten Gegenstand mit einem Eifer und einer Lebendigkeit, wie wenn er ihn zum erstenmal sähe, denn die Neuheit beruht nicht auf dem Fremdartigen des Gegenstandes, sondern in der neuen und klaren Vorstellung von ihm.

Kreislauf der Natur

Jeder Teil der Natur lehrt uns, wie das Dahinschwinden des einen Lebens Raum für ein anderes schafft. Die Eiche stirbt ab bis zum Grunde, aber sie hinterläßt innerhalb ihrer Rinde einen reichen ungenützten Stoff, der dem jungen Wald ein kräftiges Leben verleihen wird. Die Fichte läßt nur einen sandigen, unfruchtbaren Boden zurück, die härteren Bäume jedoch einen starken, fruchtbringenden. So bereitet das andauernde

Abschleifen und der Zerfall unseres eigenen Lebens den Grund vor zu unserem zukünftigen Wachstum. Das Holz, welches wir jetzt zur Reife bringen, bestimmt den Charakter unseres zweiten Lebens, sobald es wieder zu Erde wird. Wenn ich Fichten und Birken wachsen lasse, wird meine Erde keine Eichen tragen können, sondern bloß wieder Fichten und Birken oder vielleicht Unkräuter und Brombeersträucher.

Wahrheit

Es zeugt von seltener Befähigung, eine Tatsache einfach und genau zu bestimmen, eine Erfahrung klar zu durchdenken, mit Autorität ja und nein zu sagen und eine redliche Schärfe walten zu lassen. Ein Mann muß sehen, ehe er etwas sagen kann. Berichte werden meistens nur unvollständig gemacht. Dinge sind mit Rücksicht auf gewisse Überlieferungen und Institutionen dargestellt, nicht absolut. Eine Tatsache, wahrhaft und ganz entschieden dargebracht, ist aus dem Bereich des gewöhnlichen Menschenverstandes herausgehoben und erwirbt eine mythologische oder universale Bedeutung. Sagt, was ihr zu sagen habt, und dann genug davon! Drückt eure Gedanken aus, ohne von euch selber zu sprechen! Schaut nicht mit dem Auge der Wissenschaft, welches dürftig und unfruchtbar ist, noch mit jenem der jugendlichen aber noch unvermögenden Poesie! Sondern versucht die Welt und verdaut sie. Es scheint, als ob die Dinge nur selten und durch Zufall richtig ausgesprochen würden. Wie ihr schaut, so werdet ihr am Ende sprechen. Wenn wir die Tatsachen nur oberflächlich betrachten, so werden sie so gesehen, wie sie in Verbindung mit gewissen Institutionen vielleicht sind. Ich möchte sie erst nach tieferer Betrachtung und gründlicheren Hinweisungen dargebracht wissen, so daß der Hörer oder Leser sie nicht von der Plattform des gewöhnlichen Lebens aus erkennen oder ihre Bedeutung erfassen kann, sondern daß er notwendigerweise in einem gewissen Sinn verwandelt werden muß, um sie zu verstehen. Im ersten Augenblick ist der Mensch nicht fähig, die Wahrheit zu sagen. Um dies tun zu können, muß er zuerst von ihr durchdrungen und gesättigt sein. Dann wird die Wahrheit ganz natürlich von ihm ausströmen, wie der Geruch der Bisamratte vom Kleid des Fallenstellers. Das, was im jungen Menschen Begeisterung ist, muß im reifen Mann zum Temperament werden. Ohne Entrüstung, ohne Ereiferung oder Leidenschaft wird er die Welt überschauen, die den Jüngling in Aufregung versetzte und aus dem Gleichgewicht warf.

Über diese Dinge habe ich heute nachmittag auf meinem Weg nach Conantum nachgedacht. Es ist ein schöner, klarer, warmer Novembertag. Ich fühle mich gesegnet. Ich liebe mein Leben. Der ganzen Natur komme ich innig entgegen. Die Grillen zirpen nun leise und tief aus dem Boden hervor. Der Herbstlöwenzahn sieht immer noch schön aus. Das Gras hat an manchen Stellen ein frisches Grün angenommen. In dieser Jahreszeit sind hier herum fremde Sperlinge oder Finken zu sehen. Der wilde Kohl treibt schon wieder neue Knospen. Es ist ein besonderer Tag für zarte Altweibersommer-Fäden. Hier auf dem Dammweg bemerke ich, der Sonne entgegenwandernd, daß die Luft voll ist von ihnen. Sie strömen von den Weiden herab und überspannen den Weg, indem sie alle sich über ihn hinziehen, und dennoch kann ich keinen einzigen in irgendeiner andern Richtung sehen, und ich fühle auch keinen.

Es scheint, als ob es den Vögeln unbehaglich wäre. Der Schimmer, welcher sich den Herbstfäden entlang zieht, wenn sie vom Wind bewegt werden, erzeugt den Eindruck eines dahinwehenden Lichtsturms. Noch mehr aber als irgend etwas anderm gleicht die Erscheinung einem feinen Schneesturm, der über euren Weg treibt. Wenn die Sonne nicht leuchtete, könnte ich nie vermuten, daß diese Herbstfäden existieren, und ich wüßte nicht, daß ich Myriaden von Schranken zersprengte. Warum soll dieser Tag so ausgezeichnet sein? Worin liegt die so eigenartige Beschaffenheit der Atmosphäre, daß sie diese Lebhaftigkeit hervorzurufen vermag?

Wenn es einen Monat gibt, in dem sich der Mensch von seinem eigenen Herzen nähren muß, so ist es der November.

Leben und Tod

Wenige Menschen kommen in die Wälder, um zu erfahren, wie die Fichte lebt und wächst und zum Himmel emporstrebt, indem sie ihre immergrünen Arme dem Licht entgegenhält, nur wenige vermögen ihren vollkommenen Erfolg zu erkennen. Die meisten geben sich damit zufrieden, den Wald in der Form vieler und großer Bretter zu sehen, die auf den Markt gebracht werden, und sie glauben, daß hierin sein wahres Ziel liege. Die Fichte ist ebensowenig Baumaterial wie der Mensch, und ihre Verarbeitung zu Brettern und Häusern ist so wenig ihr höchster und wahrer Nutzen, wie wenn der Mensch zu Boden geschlagen und zu Dünger gemacht würde. Eine niedergehauene Fichte, eine tote Fichte, hat so wenig mit dem lebendigen Baum gemeinsam, wie ein menschlicher Leichnam mit dem lebenden Menschen. Ich frage euch, ob denn der Holzhändler ein Freund der Fichte ist, und ob er sie liebt, ob er ihr am nächsten steht und ihre Natur am besten kennt? Ob es der Lohgerber und der Terpentinbrenner sind, von denen die Nachwelt das Märchen erzählt, daß sie am Ende in eine Fichte verwandelt wurden. O nein, es ist der Poet, welcher den treuesten Gebrauch von der Fichte macht. Er liebkost sie nicht mit der Axt, noch reizt er sie mit der Säge oder streichelt sie mit dem Hobel. Es ist der Poet, welcher sie liebt als sein eignes Schattenbild in der Luft und sie unangetastet läßt. Sie ist ebenso unsterblich wie ich, und sie wird in einen gleich hohen Himmel aufsteigen, damit sie sich dort wieder über mich herabneigen kann. Darf von einem Menschen, der nur den Wert des Walfischbeins und des Walöls entdeckt hat, gesagt werden, daß er den wahren Nutzen des Walfisches kennt? Kann von jenem, der den Elefanten um seines Elfenbeins willen tötet, angenommen werden, daß er den Elefanten wirklich gesehen hat? O nein, das sind armselige und bloß zufällige Verwendungen. Es ist gerade, wie wenn eine stärkere Rasse uns töten wollte, um aus unseren Gebeinen Knöpfe und Flageoletts zu machen, und dann von der Nützlichkeit des Menschen zu prahlen. Jedes Geschöpf ist lebendig wertvoller als tot, sie alle, Menschen und Renntiere und Fichtenbäume, so wie das Leben schöner ist als der Tod.

Der Fluß

Wenn ein Mensch nachdenken will, dann soll er im Boot auf irgendeinem ruhigen Fluß dahingleiten, indem er sich gänzlich der Strömung überläßt. Dann kann er den Musen nicht widerstehen. Wenn wir den Strom hinauffahren und mit aller Macht die Ruder gebrauchen, ziehen abgerissene ungestüme Gedanken durch unseren Geist. Wir träumen von Kampf, von Macht und Größe. Aber sobald wir den Kiel unseres Schiffes stromabwärts wenden, nehmen Felsen und Bäume, weidende Kühe und Bergkuppen neue mannigfaltige Stellungen an, so wie auch Wind und Wasser die Szene verändern. Sie alle begünstigen das sanfte Dahinfließen weitreichender und erhabener, aber stets ruhig und anmutig auf- und niederschwebender Gedanken.

Die Kokosnuß

Die Wahrheit wird nur in Gewahrsam gehalten, aber niemals vorenthalten, gerade so wie ein feudales Schloß der vornehmste Sitz von Gastfreundschaft sein kann, obwohl im Umfang seiner Mauern das Portal bloß eine Spanne breit ist. Von den drei Hüllen der Kokosnuß ist die innerste so weich, daß sie mit einem Dorn durchbohrt werden kann, und der Wanderer ist dankbar für die dicke Schale, welche den Saft getreulich zusammenhält.

Ursache und Wirkung

Ich denke, daß der Wissenschafter und die große Masse der Menschheit zugleich mit ihm sich in einem Irrtum befinden, wenn sie voraussetzen, daß ihr einer euch interessierenden Erscheinung euere Teilnahme so zuwenden solltet, als ob sie etwas von euch Unabhängiges wäre und nicht aus dem Grund, weil sie mit euch verwandt ist. Die bedeutsamste Eigenschaft einer Erscheinung ist ihre Wirkung auf mich. Der Wissenschaftler denkt, daß ich vom Regenbogen nichts anderes zu sehen brauche, als was er von ihm beschreibt. Ich aber kümmere mich nicht darum, ob meine Vision ein Gedanke ist, den ich in wachen Stunden habe, oder ein Traum, an den ich mich erinnere, ob sie im Licht oder im Dunkeln geschaut wird. Es ist das der Vision Zugrundeliegende, es ist die Wahrheit allein, um die wir besorgt sind. Jener Philosoph, für den der Regenbogen und andere Dinge erörtert und erklärt werden können, hat ihn nie gesehen.

Die Grenzen der Zeit

Es zeigt sich mir, daß jene Dinge, welche am meisten die tägliche Aufmerksamkeit der Menschen in Anspruch nehmen, wie zum Beispiel die Politik, zwar lebenswichtige Funktionen der menschlichen Gesellschaft sind, das ist wahr; aber sie sollten unbewußt verrichtet werden, in gleicher Weise wie die lebensnotwendigen Tätigkeiten des Leibes. Es ist, wie wenn ein Denker sich unterwerfen wollte, durch den großen Magen der Schöpfung hindurchgeraspelt zu werden. Die Politik ist gleichsam der Magen der Gesellschaft, voll von Sand und Kieselsteinen, und die zwei politischen Parteien sind die beiden einander gegenüberliegenden Hälften, welche sich aneinander reiben. Nicht bloß Individuen, sondern auch Staaten leiden dadurch an einer chronischen Verdauungsschwäche, und ihr könnt euch vorstellen, in welcher Art Beredsamkeit sie sich äußert. Unser Leben ist nicht nur ein Vergessen, sondern auch in hohem Grade ein Erinnern an solche Dinge, die uns vielleicht nie hätten bewußt werden sollen und denen es nicht erlaubt sein dürfte, die wachen Stunden eines Menschen zu beunruhigen. Warum sollten wir uns nicht manchmal als Gesunde begegnen, anstatt immer nur als Schwächlinge? In unserem Umgang halten wir uns nicht an die wahre und uneingeschränkte Bedeutung der Dinge, sondern es werden stets wieder kleinliche Rücksichten auf Menschen, auf die Gesellschaft, ja sogar auf das Christentum genommen. Ich komme vom Begräbnis der Menschheit her, um meine Aufmerksamkeit irgendeinem Ereignis in der Natur zu schenken. Der Sinn irgendeiner Tatsache in ihr, die Bedeutung von Sonne, Mond und Sternen ist um so viel großartiger, wenn sie nicht mit dem Menschen und seinen Bedürfnissen in Verbindung gebracht, sondern ohne irgendwelche Einschränkung betrachtet werden. Dann vernimmt unser Ohr Töne, welche über die Grenzen der Zeit zu uns hergeweht werden.

Gesellschaft

Etliche Menschen machen einen starken Eindruck auf ihre Generation, weil schon eine geringfügige Gelegenheit genügt, um alle ihre Energien wach zu rufen. Aber gibt es nicht andere, die sich zu einer viel bedeutenderen Höhe erhoben hätten, die jedoch von der Welt zu dieser Anstrengung nie herausgefordert wurden? Ich glaube, daß jetzt Männer leben, die ihren Mund nie öffneten in einer Versammlung, in denen aber trotzdem ein solcher Quell von Beredsamkeit liegt, daß das Begehren irgendeines Zeitalters ihn nicht erschöpfen könnte. Es gibt Männer, die sich nach einer ihrer würdigen Gelegenheit sehnen und sich bis zu ihrem Tod sehnen werden; Männer, die ebensogut wie alle andern den fließenden Vortrag eines Redners bewundern können, aber doch den Donner und das Blitzen und die sichtbare Sympathie der Elemente darin vermissen, womit sie ihre eigene Darbringung schmücken würden. Das Zeitalter mag sich wohl grämen, das von der Gabe der Götter keinen Gebrauch machen kann. Sie lebt unbekümmert weiter, denn sie hat es nicht nötig, gebraucht zu werden. Das bedeutsamste Ereignis wird am langsamsten herbeigeführt.

Wenn ich einen Menschen in irgendeiner Schwierigkeit schwanken und seinen Halt verlieren sehe, dann gebe ich die Hoffnung für ihn auf, denn es ist um ihn geschehen. Aber solange er immer noch Vertrauen hat, wenn er auch sonst nichts tut, was seiner würdig

wäre, solange er sich noch in Bereitschaft hält, ist alles von ihm zu erhoffen.
Oft erhebt eine Gemeinschaft von Menschen ganz unbewußt darauf Anspruch, daß ihr Wille bestimmend sei und das Recht durch ihr Wort: Es geschehe! – entschieden werde, und wenn es sich so verhält, können sie nie mißverstanden werden. Das gleiche tritt ein, wenn ein einzelner Mensch durch die eindringliche Beredsamkeit eines andern gänzlich zum Schweigen gebracht wird, so daß er es wie sein Schicksal annehmen muß, vernachlässigt zu werden. Denn es liegt diesem Geschehen nicht ein vorsätzliches Votum der Gesellschaft zugrunde, sondern ihr instinktmäßiger Entschluß.

Mut

Jeder Mensch hat sich auf gewisse Weise seinen Weg selber zu erkämpfen, sogar in der zivilisiertesten und höflichsten Gesellschaft. Der liebenswürdigste und edelste Mensch muß durch eine Art Mut gewonnen werden, denn der Same des Mißtrauens liegt, ebensowohl wie jener des Vertrauens, in jedem Spatenstich voll Erde verborgen. Beamte achtungswerter Institutionen behandeln euch abweisend, auch dann, wenn sie als gutgesinnte und wohlwollende Menschen bekannt sind. Sie können sich nicht vorstellen, daß ihr etwas anderes seid, als ein Landstreicher. Es ist jenes instinktive Prinzip, das die Katze antreibt, ihre Krallen zu zeigen, wenn ihr sie bei der Pfote nehmt. Gewißlich ist der Mut, welcher die Herzen der Menschen aufzuschließen vermag, jenem weit überlegen, der bloß die Pforten der Städte öffnet. Ihr müßt die Menschen sehen lassen, daß sie sich selber mehr dienen als euch.

Staunen

Nie genießen wir ein so freies Leben wie Adam, sondern wir sind in ein unsichtbares Netz von Spekulationen eingehüllt. Unser Fortschritt geht von einer solchen zur andern hin, und nur in seltenen Zwischenpausen erkennen wir, daß es kein Fortschritt ist. Könnten wir doch nur auf einen Augenblick dieses Zwischenspiel fallen lassen und einfach staunen, ohne Bezugnahme und Folgerung.

Die Auster

Nichts in der Natur zeigt sich duckmäuserisch oder läßt den Kopf hängen, wie wenn es schlecht behandelt oder vernachlässigt würde, vielmehr ist ein jedes Ding befriedigt von seinem Wesen, und so ist es mit dem Lavendel und der Melisse. Wenn wildwachsender

Kohl auch beleidigend für den Geruchsinn des Menschen sein mag, so hat er deshalb seinen Mut noch nicht verloren, sondern er entfaltet seine Blätter vertrauensvoll bis auf zwei Handbreiten. Was bedeutete es Lord Byron, ob England ihn anerkannte oder verleugnete, ob er einen sauern Geruch verbreitete und auf die englischen Nasen wie Stinkkohl wirkte, oder ob er, dem Veilchen gleich, der Stolz des Landes und die Zierde des Besuchszimmers jeder Lady war! Laßt die Auster nicht betrübt sein, daß sie den Wettlauf verlor, sie hat als Auster dennoch gewonnen.

Sprechen und Schweigen

Sprache ist unvollständig, Schweigen ein Ganzes.
Die Schönheit ist dort, wo sie wahrgenommen wird. Wenn ich die Sonne über die Wälder jenseits des Sees scheinen sehe, denke ich, daß die Seite reicher ist, wo das schauende Auge weilt.
Die Bewegung der Vierfüßer ist meist gezwungen und die unnatürlichste, eckig und abgerissen, mit Ausnahme des Katzengeschlechtes, wo die Undulation beginnt. Jene der Vögel und Fische ist anmutiger und unabhängiger. Sie bewegen sich durch Heiterkeit und Hingabe an die Natur, um eine mehr innerliche Achse; die Vierfüßer hingegen durch Schwere und Gegensätzlichkeit zur Natur. Unbeholfenheit ist eine widerstrebende, Anmut eine nachgebende Bewegung. Die

Linie, welche der ersteren Ausdruck gibt, ist eine die Kugel nur streifende Tangente; die Anmut aber gleicht einem vom Mittelpunkt ausgehenden Strahl. Doch die zarteste, am meisten ideale und vergeistigte Bewegung ist die Undulation. Sie wird hervorgerufen durch das Hingleiten des zartesten Elementes auf dem an Zartheit nächstfolgenden. Die Kräuselung der Wellen vor dem Wind ist ein Fliehen voller Anmut. Wenn ihr es von der Spitze eines Hügels aus betrachtet, werdet ihr in ihm die Schwingen der Vögel in nie endender Bewegung entdecken. Die zwei wogenden Linien, welche den Flug nachbilden, scheinen eine Imitation der Wellen zu sein. Es gibt in unserer innersten Erfahrung etwas, das diesem gleicht. Wir werden im Enthusiasmus vom göttlichen Geist so bewegt, wie der undulierende See vom Wind.

Wollt ihr euch wohl fühlen, dann achtet darauf, mit jeder Stimmung der Natur in Harmonie zu sein.

Mann und Frau

Die Sitte, allen idealen, personifizierten Auszeichnungen das weibliche Geschlecht beizulegen, ist ein Zeichen von Veredlung, das in den Mythologien auch der am meisten barbarischen Nationen beobachtet werden kann. Sogar Glorie und Sieghaftigkeit sind weiblichen Geschlechtes, aber es benötigt männliche Qualitäten, um sie zu erlangen.

Der Mann ist männlich, doch seine Männlichkeit ist weiblich. Es ist die Hinneigung der rohen Gewalt zur moralischen Macht.

Einheit

In allen Zeitaltern und bei allen Nationen beobachten wir eine Hinneigung zum richtigen Stand der Dinge. Es mag dies besonders im Leben des Priesters gesehen werden, das sich jenem des idealen Menschen am meisten nähert. Die Druiden bezahlten keine Steuern, und es war »ihnen Befreiung vom Kriegsdienst gestattet und alle andern Dinge«. Die Geistlichkeit ist auch heute noch eine privilegierte Klasse. Auf der höchsten Stufe der Zivilisation werden Poesie, Religion und Philosophie eins sein, und ein Schimmer dieser Wahrheit liegt schon in der ersten Stufe.

Bibliographische Notiz

»Leben in den Wäldern« findet sich in: Leben – ein unversuchtes Experiment (»Walden«), übs. v. Erika Ziha, Wien, München 1961.

»Über die Freundschaft« wurde von Paul Pattloch übertragen und erschien 1946 in Aschaffenburg.

Die »Sentenzen« schließlich entstammen dem Tagebuch Thoreaus, die unter dem Titel »Herbst« von H. G. O. Blake herausgegeben und von Bertha Engler unter Mitarbeit von Ernst Frey übersetzt worden sind. Erschienen Zürich o. J. (ca. 1947).

Von Henry David Thoreau sind ferner lieferbar:

Walden: Leben in den Wäldern, Zürich 1971
Walden oder Hüttenleben im Walde, Zürich 1972
Leben aus den Wurzeln, Freiburg/Br. ^{5}1984
Über die Pflicht zum Ungehorsam gegen den Staat, Zürich 1973.